株の怪物

仕手の本尊と呼ばれた男・
加藤暠の生涯

西崎伸彦

宝島社

装幀　國枝達也

株の怪物　仕手の本尊と呼ばれた男・加藤暠の生涯　目次

序　章　伝説の相場師……15
兜町の風雲児　16
禅僧の〝法力〟への羨望　18
政治家から大物ヤクザまで　20
「K氏の遺族に会ってみないか」　23
ボヘミアン・ドリーム　25
ダンボール数百箱分の遺品　27

第一章　死と紙一重の体験……29
被爆体験と運命の糸　30
宗教的な人生観の原点　34

没落ファミリーの〝神童〟 37
名門「修道高校」進学と結核療養 40
四年遅れの早大商学部入学 43
刹那的な人生観と「岡三証券」入社 45

第二章 仕手筋になった歩合制証券マン……49

新人らしからぬ新人 50
中日スタヂアム事件の衝撃 53
小川薫と巡礼と六一〇〇万円の歩合報酬 57
悪を飲み込んでも 61
千代田化工建設株と平和相銀の〝外様四天王〟 63

第三章 誠備の誕生と〝黒幕〟笹川良一……65

小宮山コンツェルン 66
〝最強の経済ヤクザ〟石井進との出会い 67

「ヂーゼル機器株」仕手戦の泥沼 70
笹川良一という金脈 72
闇の紳士の貯金箱 75
「政治資金を作って頂きたい」 77
「廿日会」発足で一〇〇〇億円超の資金運用 82

第四章　株の教祖降臨……85

昭和史の謎「一億円拾得事件」の真相 86
「稲川会の石井さんに渡すカネだった」 87
ハマコー金脈のヤバいカネ 89
名乗り出られなかった本当の理由 92
一口一〇〇億から四〇〇億円の客しか扱わない 94
加藤銘柄一色と化した兜町 98
政治権力、金力、暴力の三本柱 101

第五章　K銘柄に群がった政治家……105
天才的な〝踏み上げ相場〟　106
宮地鉄工株仕手戦の天王山　108
亀井静香に虚を衝かれる　112
田中角栄の影　115
小泉純一郎の頼み事　118
田中角栄からの秋波　120
誠備銘柄潰しの包囲網……そして逮捕　123
ロッキード事件を超えていた誠備事件　125
妻と子の逃亡劇　128
顧客の名前は絶対明かさない　131
逃亡劇最大の危機　133

第六章　検察の敗北と奇跡の復活……135
誠備裁判の証言台に大物ヤクザ　136

政治家の仮名取引に無関心だった検察 138
投資会社をダミーにした斬新な株高スキーム 141
〝夜の広島商工会議所会頭〟の不審死 143
酒浸りの角栄からかけられた言葉 145
中江滋樹からの手紙 149
検察敗北の瞬間 152
霊能師の顧客人脈 153
御巣鷹山墜落事故……日航株暴落でボロ儲け 157
東京佐川急便のバブル人脈 158
二つの〝屛風事件〟 160
石井進人脈を次々と取り込む 163
関電ドンの最側近と馬毛島開発の闇 164
大物右翼・豊田一夫の呟き 167

第七章 バブル最後の仕手戦……171

闇紳士の総力戦となった「本州製紙株」 172

一兆三〇〇〇億円まで膨らんだ投資額 174
住友銀行青葉台支店浮き貸し事件 176
三億円事件〝立川グループ〟の元メンバー 178
〝仕手サミット〟の開催 180
サッと五〇億円を差し出した人物 182
保証人は元法相――加藤に流れた一〇〇億円の〝佐川マネー〟 185
「新しい風の会」と最後の大相場 188
焼け跡に咲いた一凛の仕手株 192
ロッキード事件の〝当事者〟シグ片山との因縁 196
長男の東大理学部数学科進学 200
出世株研究会「泰山」で三度目の復活へ 202
元警視総監さえ心酔した加藤の〝魔力〟 204
千代田区で二番目の高額納税者 207
実姉、実兄にも降りかかった火の粉 210

終　章　相場師の本懐……………………………………………………21

わしの命日は決まっとる　214
せん妄状態……一〇〇〇億円を社会還元したい　216
エリートの道を歩んでいたはずの人生　219
ネットに立ち現れた「般若の会」　221
ネットを席巻した〝お告げ〟　225
『フラッシュ・ボーイズ』と引退宣言　227
検察〝悲願〟の強制捜査　230
〝主役不在〟の刑事裁判　231
「見たこともない相場操縦だ」　235
加藤は絶対に死にません　238

あとがき　242
関連年譜　247
参考文献　252

1979年	1980年	1981年	1982年	1983年
昭和54年	昭和55年	昭和56年	昭和57年	昭和58年
宮地鉄工所 **201円**- - - - - -	- ►**2950円** カルピス 480円→730円 (3日間) 安藤建設 155円→867円 - ► 2260円 - ► 2100円			
ラサ工業 100円→755円 西華産業 200円→1530円				
誠備投資顧問室 小泉純一郎 小坂徳三郎（信越化学工業、衆院議員） 清和会	久保田家石材商店 伊坂重昭（平和相銀） 亀井静香	安岡正篤 林大幹（衆院議員） 宮沢喜一		久保田家石材商店
笹川良一	田中角栄 北裏喜一郎（野村證券） 渡辺美智雄	伊藤栄樹（検察庁）		
第二次オイルショック	**1億円拾得事件**	**誠備事件**	ホテルニュージャパン火災	世界同時株高

■ 加藤暠の仕手戦　第１期（1975～83年）

西暦	1975年	1976年	1977年	1978年
和暦	昭和50年	昭和51年	昭和52年	昭和53年
銘柄	千代田化工建設 200円→1350円	緑屋 160円→799円 ＊西武グループ取得	**チーゼル機器** **200円**------ 岡本理研ゴム 180円→751円 平和不動産 275円→690円 新電元工業 130円-------- 丸善 240円--------	-→**2370円** ＊日産自動車取得 日立精機 138円→751円 石井鉄工所 182円→1050円 -→1200円-------- -→ 875円 --------
味方		**ダイヤル投資クラブ** 小宮山英蔵（平和相互銀行）	小宮山英蔵 笹川良一 玉置和郎（参院のドン） 石井進（稲川会）	**誠備** 田淵節也（野村證券） 相田雪雄（野村證券） 土井定包（大和証券）
敵				
出来事	興人破綻	**ダイヤル投資クラブ設立** ロッキード事件	金融緩和 資源株	**誠備設立** 円高（300円→262円）

＊加藤暠の元側近、田久保利幸が残した資料をもとに作成

1988年	1989年	1990年	1991年	1992年
昭和63年	平成元年	平成2年	平成3年	平成4年
本州製紙 **430円**- - - - - -	- 東邦銀行 550円→2500円 常陽銀行 1000円→2270円	► **5020円** ► 1440円 ► 3800円 ► 2780円	**日本カーボン** **500円** - - - - - - - クラリオン 545円 - - - - - - -	 ► **3450円** ► 1650円
	亀井静香	渡辺喜太郎（麻布建物グループ）	浜田武雄（レイク） 芝川敦（千島土地グループ）	
		長田庄一（東京相和銀行） 小沢一郎 森下安道（アイチ） 後藤組	小沢一郎	小沢一郎
リクルート事件	ベルリンの壁崩壊	**住友銀行青葉台支店不正融資事件**	バブル崩壊	東京佐川急便事件

■ 加藤暠の仕手戦　第2期（1984～92年）

西暦	1984年	1985年	1986年	1987年
和暦	昭和59年	昭和60年	昭和61年	昭和62年
銘柄	大正海上火災保険 214円→717円 太平洋金属 158円→660円 東急車輌 261円 → 太平工業 155円 →	日本航空 4850円→13740円 870円 → 1120円 →	 昭和海運 100円 →	 417円 → 1680円 → 1730円 →
味方	**真大倉等** 久保田家石材商店 安達建之助（安達グループ） 三浦甲子二（テレビ朝日）	中曽根康弘 竹下登 金丸信	渡辺広康（東京佐川急便） 安部芳明（占い師）	
敵				
出来事	特定金銭信託相場	日航ジャンボ機墜落事故	チェルノブイリ原発事故	ブラックマンデー

＊加藤暠の元側近、田久保利幸が残した資料をもとに作成

肩書・企業名・組織名は当時のままとし、
敬称は省略した。

序章　伝説の相場師

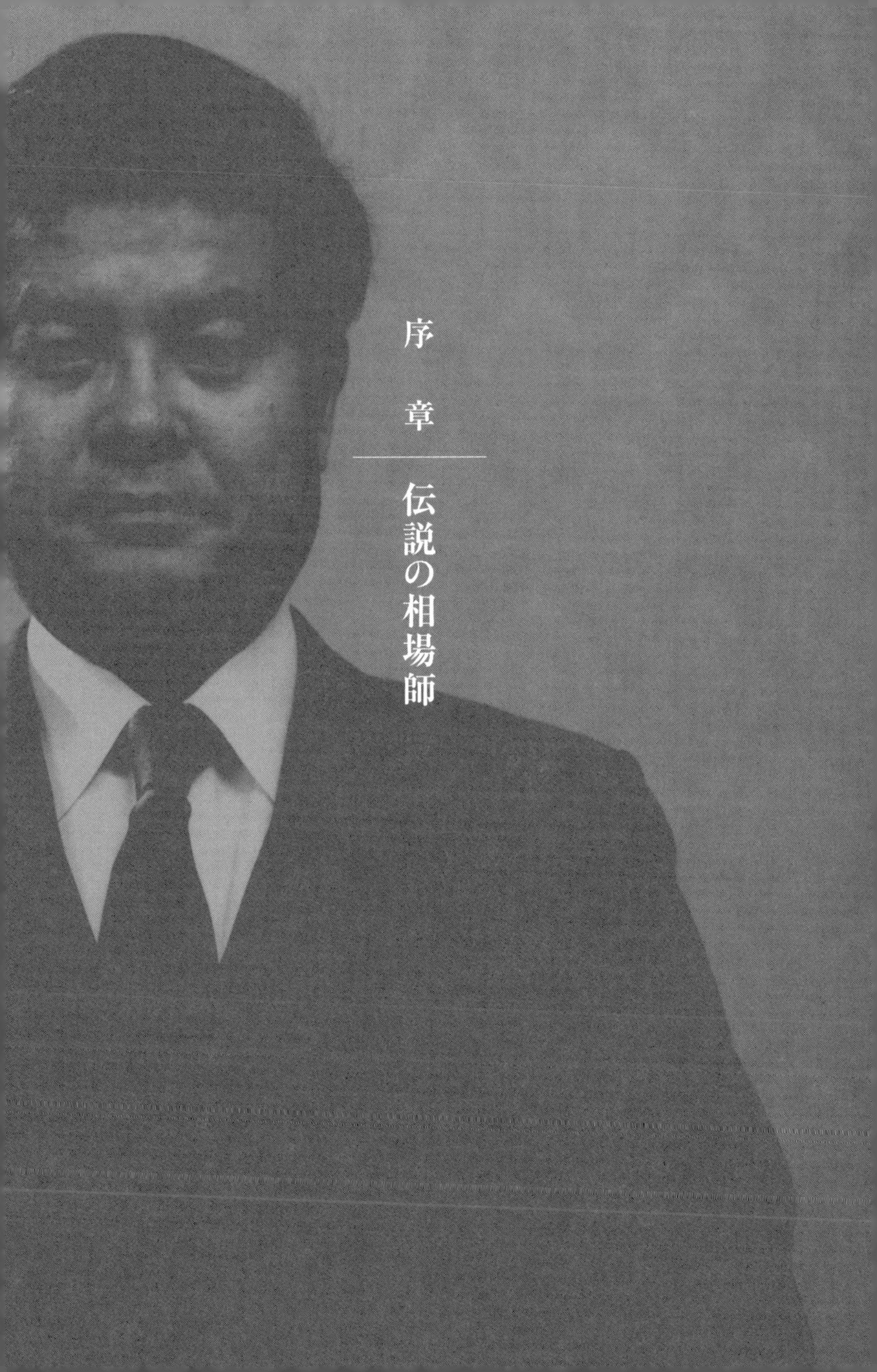

兜町の風雲児

ＪR長野駅からタクシーで十五分ほど走ると、善光寺の裏手にある大峰山《おおみねやま》の中腹に「参禅専門道場　大本山・活禅寺《かつぜんじ》」の白い建物が見えてくる。眼下には善光寺平《ぜんこうじだいら》を千曲川が流れ、その先に浅間山や志賀高原などを遠望する絶好の眺めが広がる。毎朝午前五時半から本堂で読経が始まり、その後は坐禅の時間が約一時間続く。泊まり込みで入行する者は、五時に起床し、水行を行ない、行衣で姿を現すが、通いの者は平服で集まる。坐禅は、無為の行であり、迷いを払わず、悟りも求めない心境で、身体と呼吸と心を調える。ただひたすら無心に座ることを意味する只管《しかん》打坐《たざ》は、禅に傾倒したアップル創業者のスティーブ・ジョブスらが実践した瞑想、そして日本や欧米のビジネスパーソンの間で人気のマインドフルネスのルーツとも言える。

活禅寺は、高知県出身の開祖、徹禅無形《てつぜんむけい》が、仏教発祥の地であるインドに渡り、ネパール、チベット、中国、朝鮮で三十年に及ぶ仏行を積み、一九四三年（昭和十八年）二月に、この地に「無形庵」を開山したことが始まりとされる。一九五四年十二月に宗教法人として独立したことを機に、寺号を大本山活禅寺に改め、どの宗派にも属さない坐禅の専門道場としての歩みを始めた。戦時中は軍の特務機関とも密接な関係にあった徹禅無形が、以前に訪れた中国・蘇州の名刹として知られる霊巌山寺《れいげんざんじ》と似た地形で、長野市街を眼下に一望できる環境だったことから、この地を選んだのだという。

かつては元首相の中曽根康弘や参議院のドンと呼ばれた玉置和郎《かずお》、歴代首相の相談役と言われた陽明学者、安岡正篤《まさひろ》の弟子から衆院議員に転じた林大幹《たいかん》、テレビ朝日の〝天皇〟と称された元専務の三浦甲子二《きねじ》などが姿をみせた。中曽根は約五年の首相在任中、東京・谷中の臨済宗の禅寺「全生庵」で毎週欠かさず坐禅を組んでいたことは広く知られているが、彼の坐禅の師匠の一人が、活禅寺の徹禅無形だった。中曽根政権時代の首相動静には、一九八五年に三回、「徹禅無形管長」が首相官邸や赤坂の料亭で面談した記録が残っている。一九九四年に徹禅無形が九十二歳で逝去した際、葬儀委員長は、長野県出身の元外相、小坂善太郎が務め、葬儀副委員長には林大幹が名を連ねた。

彼らをこの禅寺に誘ったのは、かつて投資家集団「誠備《せいび》」を率いて株式市場を席巻し、〝兜町の風雲児〟と呼ばれた伝説の相場師、加藤暠《あきら》である。加藤は株式市場で投機的な売買を繰り返すプロの投資家グループ、仕手筋の本尊とされた。仕手筋とは能や狂言の主役を意味する「シテ方」に由来する言葉で、加藤は、文字通り株式市場の舞台で主役を演じる大相場をいくつも手掛けてきた。加藤が組織した誠備は、全国に約四〇〇〇人の会員を擁し、最盛期には一〇〇〇億円を優に超える資金を動かした。「廿日会《はつかかい》」というＶＩＰ会員は年間１億円の儲けを目標にする特別枠で、扱う株の銘柄については秘密保持が徹底されていた。そこには会社経営者や医師などの富裕層に混じって、主婦も少なからずいた。別枠には政治家や闇社会の住人もいて、鉄火場と化した株式市場には歓喜と落胆が交錯する幾多のドラマが生まれた。一攫千金を狙い、欲望が渦巻く相場の狂騒を誰よりも体現してきたのが、加藤だった。

禅僧の〝法力〟への羨望

しかし、加藤は一九八一年二月に所得税法違反で東京地検特捜部に逮捕され、権力の絶頂から刑事被告人として暗黒の時代を迎える。彼は東京拘置所に留め置かれた二年半の間、密教に興味を持ち、数多くの書物を読むなかで、禅密の奥義を究めた徹禅無形の存在を知った。一九八三年八月に保釈された後、加藤は導かれるように、この禅寺に通い始めたという。加藤は徹禅無形から〝泰山《たいざん》〟の名を授けられ、活禅寺では「加藤泰山」と呼ばれていた。泰山とは、山東省にある中国随一の名山である。深緑を縫うように切り立つ岩壁の山肌に旧跡が点在する道教の聖地として知られる。秦の始皇帝を始め、歴代皇帝が治世を報告する場でもあり、孔子や李白、杜甫など多くの文人墨客も訪れた。一九八七年には世界遺産に登録されており、この名を気に入った加藤は後年に立ち上げた株投資グループに泰山の名を付けている。

「加藤さんは、この部屋で寝泊まりして、修行をなさっていました」

一九三五年生まれの活禅寺の和尚、高橋徹巌は、迷路のように複雑な造りの建物を奥に進み、古びた九畳ほどの和室へと案内してくれた。大きな窓から太陽の光が差し込み、日当たりはいいが、祭壇が設《しつら》えてあるだけの殺風景な部屋だった。仙人のような白く長い髭をたくわえた徹巌は、憲兵だった父親が勤務地の朝鮮や中国で、巡錫《じゅんしゃく》中の徹禅無形と度々遭遇し、弟子入り。自然の流れで自身も仏縁を深めたと話し、徹禅無形のことを御老師様と呼んだ。そして加藤と過ごした日々を懐かしそうにこう振り返った。

修行中の加藤暠

「保釈された加藤さんは、旧三和ファイナンスの山田さんの仲介で初めてここを訪れました。山田さんは、加藤さんとも知り合いだった『日本話し方センター』創設者の江川ひろしさんの紹介で通うようになり、御老師様から〝大圓《だいえん》〟の名を頂き、山田大圓と呼ばれていました」

三和ファイナンスは一九七二年に北海道出身の山田紘一郎が創業。新宿に本拠を置き、全盛期には首都圏を中心に四百を超える支店を抱えたサラ金業者だったが、厳しい取り立てで知られていた。不動産事業やホテル事業にも手を広げ、のちに進出した韓国では、現地法人の三和貸付が〝三和マネー〟の商標で業界二位のシェアを獲得した。山田は二〇二一年十一月に亡くなっているが、その翌年には山田が築き上げた三和貸付が関連する一〇〇〇億円もの資産を巡って、会社乗っ取りを画策したグループが山田の遺族に成りすます事件が発生。警視庁が摘発に乗り出す一幕もあった。資産家として知られた山田は、かつて加藤の大口顧客の一人だった。加藤は時間を作っては山田らと活禅寺を訪れ、早朝からほの暗い水垢離《みずごり》場で身体を清めて参禅に励んだ。夏には、朝三時に起床し、十日間の修行で満願を迎える夏安居《げあんご》にも参加した。時には政治家や知り合いの証券マンを誘い、ヘリコプターをチャーターして長野市の最南端にある篠ノ井の発着場からクルマで北上し、活禅寺入りすることもあった。加藤は徹禅無形が持つ〝法力《ほうりき》〟と呼ばれる不思議な力に強く惹かれていたという。

政治家から大物ヤクザまで

「観音経には、火に焼かれたり、水に溺れたりして苦境に陥った時も、観音様を念ずれば救われると念彼観音力《ねんぴかんのんりき》が説かれています。御老師様は、御経に書かれてあることはすべて事実であり、実現しなければ意味がないというお考えでした。刀尋段段壊《とうじんだんだんえ》は、敵が刀で切り付けて来ても、観音様を念じれば、刀が折れて身の安全が守られることを指しますが、御老師様は短刀で身体を切っても血が流れ出すこともなく、切れないことを実践してみせた。私たち弟子も、御老師様から法力を頂いて、傷だらけになりながらそれを行としてやっていました」

徹巌は、加藤に招かれて東京を訪れ、稲川会の二代目会長、石井隆匡《たかまさ》こと石井進とも会っている。彼は当時のことを鮮明に記憶していた。その時、加藤の事務所の奥には日本刀が置いてあり、刀剣に造詣が深い徹巌は「ちょっと見せて頂いていいでしょうか」と手に取り、紙に刃をスッと入れて切ってみせた。

「よく切れる刀ですね。これが切れなくなるということが信じられますか」

「そんなバカな話がある訳がない」

石井がそう答えた瞬間、徹巌は気迫を込め、日本刀を自分の腕に押し当て、力強く引いた。石井は驚きの声をあげ、「おい、やめろ」と必死に制止した。徹巌は正気を取り戻したかのように「これはあとで手入れして下さい」と言って日本刀を返した。その腕には血の筋は残っていたものの、確かに切れてはいなかった。徹巌が帰った後、石井は加藤に「なぜ切れないんだ」としきりに尋ねたという。

加藤と徹禅無形（左）

石井は政財界に深く食い込み、〝最強の経済ヤクザ〟と呼ばれた大物だが、彼もまた加藤の大口顧客の一人だった。加藤は有力顧客を巻き込みながら神懸った力を背景に神秘性を纏《まと》うことで、得体の知れないカリスマであり続けた。誠備事件では、検察当局の調べに対し、顧客の名前を頑なに明かそうとせず、公判でも「そのために自分の無実が立証できず、有罪になっても仕方がない」と言い放った。政治家を始めとするVIPを守ったことで、一度は離れていた顧客たちがまた戻り、加藤の復活を望む声が広がっていた。そこから時代は狂乱のバブルへと突入していく。加藤にとって活禅寺は、〝仕手の本尊〟としての第二幕の出発点でもあった。

当時の彼の人脈を解き明かすヒントとなる資料がある。加藤が残した深緑色のカバーの古い住所録――。一九八八年に銀座・英國屋が作った大判手帳で、あいうえお順に、手書きで名前と連絡先がビッシリと書かれている。そこには名立たる〝バブル紳士〟や東京佐川急便事件の主役たち、右翼やフィクサー、ブローカーまで加藤の人脈の中核を成す大物の名前がズラリとある。さらに加藤が保管していた名刺ホルダーには政治家や秘書、ヤクザの名刺が数多くあり、加藤の底知れないネットワークが際限なく広がっていた。本来は黒子に徹するべき仕手筋が、自ら〝看板〟を掲げ、旗を振る。そこに群がった顧客は、いち早く推奨銘柄を聞き出そうと逸《はや》る気持ちを抑えながら、加藤の言葉を待つ。加藤は銘柄選定の極意について、こう答える。「祈りだ」と。彼は、すべてを見通す〝投資の神様〟だったのか。それとも投資家を扇動する〝時代の徒花《あだばな》〟に過ぎなかったのか。

「K氏の遺族に会ってみないか」

都内でも屈指のビジネス街の一角にあるタワーマンション。その高層階にある加藤の部屋を最初に訪れたのは二〇一八年九月二十六日だった。玄関から繋がる約二十五帖のリビングに足を踏み入れ、まず目を奪われたのは、所狭しと作り付けられた四つの大きな神棚である。一般家庭にある小さな神棚とは違い、大人の背丈を超える構えで、伏見稲荷大社の神棚のほかに、伊勢神宮と愛宕神社と熊野神社のそれぞれの御社が一セットになった神棚が部屋を圧迫するように祀《まつ》られてあった。その間に浅草の待乳山聖天《まつちやましょうでん》を祀った御厨子《みずし》があり、離れた場所には出雲大社の御社が複数の御札とともに神棚の上に置かれていた。ベランダから東京タワーが見渡せる絶好の眺望とは打って変わり、厳粛で、異様な雰囲気を漂わせる佇まいだった。

しかし、この時、部屋の主だった加藤はすでに他界していた。彼は二〇一五年十一月十七日に東京地検特捜部に相場操縦の疑いで逮捕され、東京拘置所で持病の糖尿病が悪化。保釈後に二度にわたって足の切断手術を受け、二〇一六年十二月二十六日に急性心筋梗塞でこの世を去った。享年七十五。後年は一切取材を受けず、マスコミに対して口を噤《つぐ》んできたため、何度も〝死亡説〟が流れた。伝説だけが独り歩きし、その存在は謎めいていたが、皮肉にも三十四年の時を経て、加藤が再び因縁の検察当局と対峙したことで、瘡蓋《かさぶた》が剝がれるように昭和の〝遺物〟が姿を現した。

「K氏の遺族に会ってみないか」

そう連絡してきたのは、加藤が遺した英國屋製の手帳に名前がある男だった。加藤が仕手の本尊として関わっているとみられる銘柄は、いつしか真偽不明の〝K氏銘柄〟と呼ばれて投機筋の話題にのぼるようになった。その呼び方に倣《なら》い、彼は時折、加藤のことをそう呼んでいた。週刊誌記者だった私にとっては十年来の情報源であり、年の離れた友人でもあった。彼が加藤と親しいことを知り、事ある毎《ごと》に、「加藤に会わせて欲しい」と頼んできたが、「そのうち紹介する」と言ったきり、約束が果たされることはなかった。その罪滅ぼしの気持ちもあったのだろう。彼は時間をかけて加藤の妻、幸子《ゆきこ》と長男の恭《たかし》を説得し、この日の面会を御膳立てしてくれた。

加藤の大口顧客の一人でもあり、活禅寺でともに参禅に励んだ三和ファイナンスの山田紘一郎(左)と加藤

加藤の〝最後の事件〟では幸子と恭も逮捕され、幸子は起訴猶予となったものの、恭は加藤の死後に、懲役二年六月、執行猶予四年、罰金一〇〇〇万円、追徴

金二六億五八六六四万円の実刑判決を受けた。初対面の時は、一審判決後だったが、その後、高裁、最高裁でも判決が覆ることはなかった。彼は東京大学理学部数学科を卒業し、大学院で博士号を取得後は金融工学専門のシンクタンクや金融庁勤務などを経て、大阪大学大学院の助教として勤務していた。だが、事件によって学者の道は断たれた。

ボヘミアン・ドリーム

これまで二人がマスコミに登場したことは一度もない。幸子は常に影の存在として夫を支え、表に出る時はサングラスにオーダーメイドのセットアップ姿。固く口を閉ざし、決して周囲への警戒心を解くことはなかったが、「生前の加藤を知って貰いたい」と、時に懐かしむような語り口で過去を振り返った。部屋の神棚について尋ねると、彼女はこう話した。

「あの人は、朝は三時には起きて、お風呂に入って、自宅の神棚に手を合わせ、浅草の待乳山聖天様が開門になる五時半に着くよう迎えのクルマで出掛けるのが日課でした。そして読経と一万回のご真言を唱える生活を若い頃から毎日続けていました」

加藤は人一倍、信仰心が厚いことで知られていたが、加藤の部屋で目の当たりにした光景は想像以上だった。

その後は定期的に加藤宅を訪れ、リビングで長時間にわたって話を聞き、三人で外食を共にすることもあった。レストランでの会食では最初に「ボヘミアン・ドリーム」というカクテルを頼むのが、慣例だった。アプリコット・ブランデーにフレッシュのオレンジジュースやレモンジュースなどを加え、ザクロのシロップが少しだけ色付けに使われていた。

「主人は昔、学生時代にマンモスバーと呼ばれるところでバーテンダーとしてアルバイトをしていたことがあり、その時に作り方を覚えたそうです。ある時、自宅にホームバーを作ると言い出し、道具を揃えて、そこで私たちに作ってくれたのですが、上手く出来なくて、そのうちホームバーは、放置されていました」

社会の規範に囚われず、自由に放浪生活を送るボヘミアンが見る夢という名のカクテル。それは若き日の加藤が思い描いた未来だったのかもしれない。

「あの人は、世の中に誤解されてきたと思う」

幸子はそう吐露した。

「主人は母親を二歳で亡くして、幼い頃に広島で被爆しています。修道高校時代には結核で入院して療養生活を送り、四年遅れて別の高校を卒業しました。その時に病床で聴いた深夜ラジオで、身体障害者の子を持つ母親の『私が居なくなったら、この子はどうなってしまうのか』という投稿に胸を打たれ、『自分は一生懸命お金を儲けて、将来は社会貢献をしたい』と思ったことが原点にあるんです。株の世界ですから、売り手と買い手がいて、儲けた人がいれば、必ず損をした人もいる。だから、自分だけがいいという考え方ではいけない。常々そう言っていましたが、世間ではいつも一人だけ売り抜けているという悪者のイメージで捉えられてきました」

彼女は毀誉褒貶《きよほうへん》相半ばする加藤の風評について、妻の立場からこう語っていたが、その後、恭の高裁判決を二十日後に控えた二〇二〇年七月二日に急逝した。

ダンボール数百箱分の遺品

その日も加藤宅で話を聞き、夜には三人で赤坂に天ぷらを食べに行って、別れた後、恭は同じマンション内に借りていた自分の部屋に、幸子は自宅に戻った。そして深夜、入浴中に突然死したのだ。浴室には、趣味で解いていた数独の冊子がふやけた状態で残されていたという。

「母が亡くなりました」

翌日、恭からの電話で彼女の訃報を伝えられたが、驚きのあまり言葉もなかった。最期の日、彼女はいつになく饒舌《じょうぜつ》だった。

「結局、今考えると、あの人は仕事ではその時々で仲間がいましたが、友達と言える人は私しかいなかったんじゃないかと思います」

そして事件が息子の恭にも波及したことについてはこう述べていた。

「恭は共犯とも言えない存在なのに、検察は面子と追徴金を取りたいがために強引な捜査をした。仕事を手伝っていたのは私ですから、私を起訴すればよかったんです。今回の事件で、恭の将来を奪ってしまったことを本当に申し訳なく思う」

　その後、加藤夫婦が残した段ボール数百箱分に及ぶ遺品は整理され、約五十箱がトランクルームに預けられた。そこには刑事裁判や民事裁判の記録だけでなく、膨大な株式関連データや全国の神社仏閣を巡って寄付を重ねて来た返礼として送られた数々の証文があった。そして自筆のメモのほか、前述の住所録や名刺の束が残されていた。

加藤が活禅寺の修行で寝泊まりした部屋

　さらに投資家会員から寄せられた称賛や怨嗟《えんさ》の夥《おびただ》しい数の手紙に交じって、元検事総長や元警視総監からの手紙や株式市場で名を売った投資ジャーナルの中江滋樹が加藤に送った手紙なども残されていた。加藤の七歳上の実姉、磯野恭子《やすこ》は、紫綬褒章《しじゅほうしょう》も受章した女性ドキュメンタリー制作者の草分け的存在だったが、その手紙からは加藤を溺愛し、母親代わりだった様子が窺《うかが》い知れた。しかし、三歳上の実兄、加藤裕康からの「人の痛みを知れ」などと書かれた怒りに任せた二百通を優に超える手紙も含まれていた。きょうだいにさえ敵と味方が混在していた。

　伝説の相場師、加藤暠。その足跡を彼の原点、広島県江田島市の瀬戸内海に浮かぶ能美島《のうみしま》から辿《たど》っていく。

第一章

死と紙一重の体験

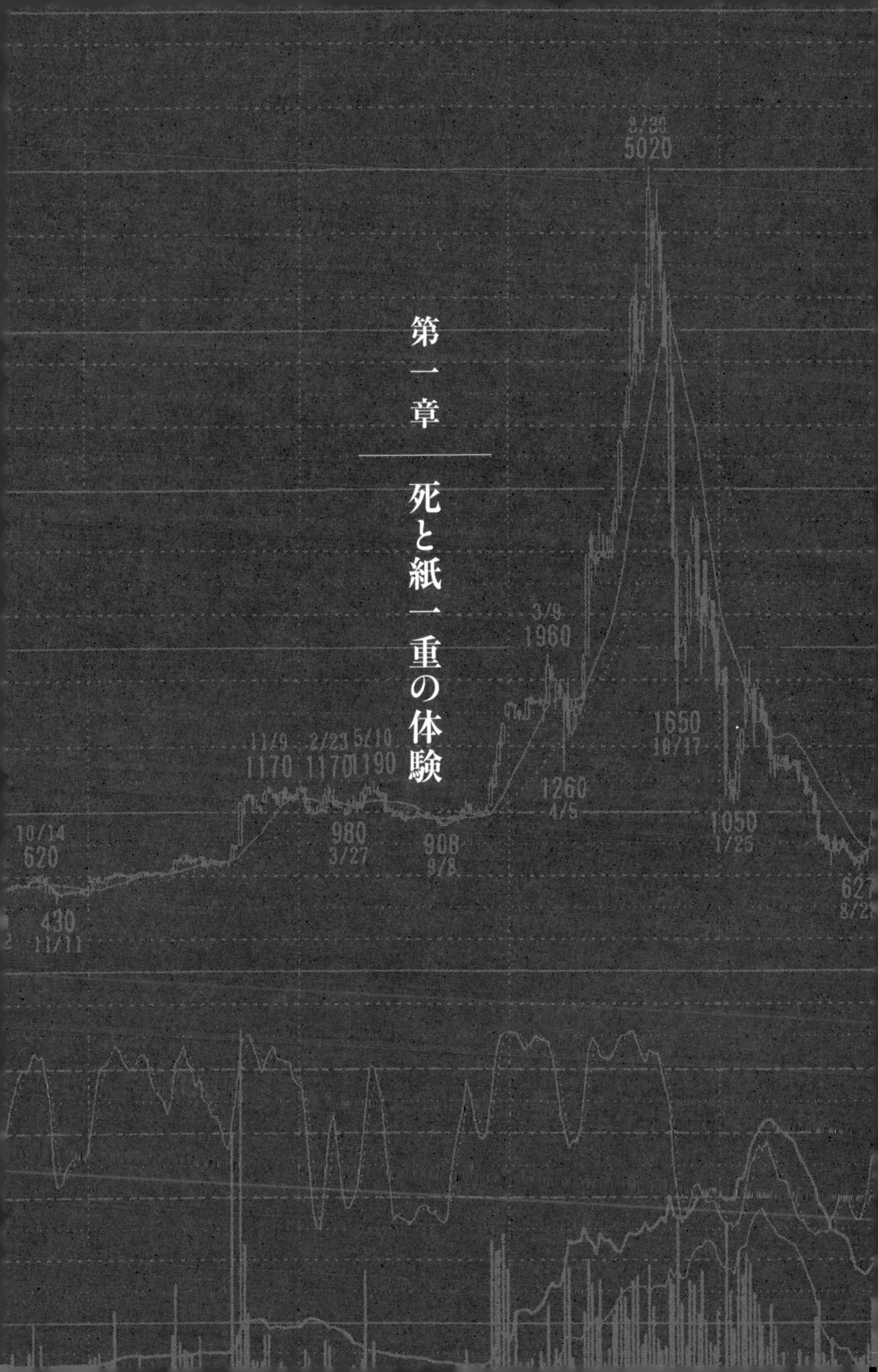

被爆体験と運命の糸

加藤嵩が残した遺品のなかに、講演会用に書かれた自筆の草稿がある。そこには、加藤の原点とも言える幼少期の強烈な記憶が綴《つづ》られていた。その冒頭部分はこう始まる。

〈わたくしは四歳（筆者注：正確には三歳十一カ月）のときに広島であの原爆に遭いました。当時、わたくしは胃腸が弱く、広島市内の親戚に預けられ、専門医の治療をうけていました。

親戚の家は爆心地から一・五キロしか離れていなかったために、一瞬にして家は倒壊し、親戚の人たちは全員死亡したのですが、なぜか四歳のわたくしだけが生きていて、近所の人に助け出されたのです。とはいっても衰弱がひどく、ほとんど呼吸もしていなかったような状態だったと聞いています。

倒壊せずにやっと残っていた病院を見つけてきた両親（筆者注：実際には母親は前年に死去しており、父親のみ）は、そんなわたくしをその病院に運びこんだのですが、院長はわたくしを一目見て、「これは、とても助からないから」と入院を拒否しました。

ところがその病院が、それから二日後に台風で海に流されてしまい、院長も入院患者もみんな亡くなってしまったのです。

この二度にわたる、死と紙一重の戦慄すべき体験は、奇蹟という言葉で片づけるのがためらわ

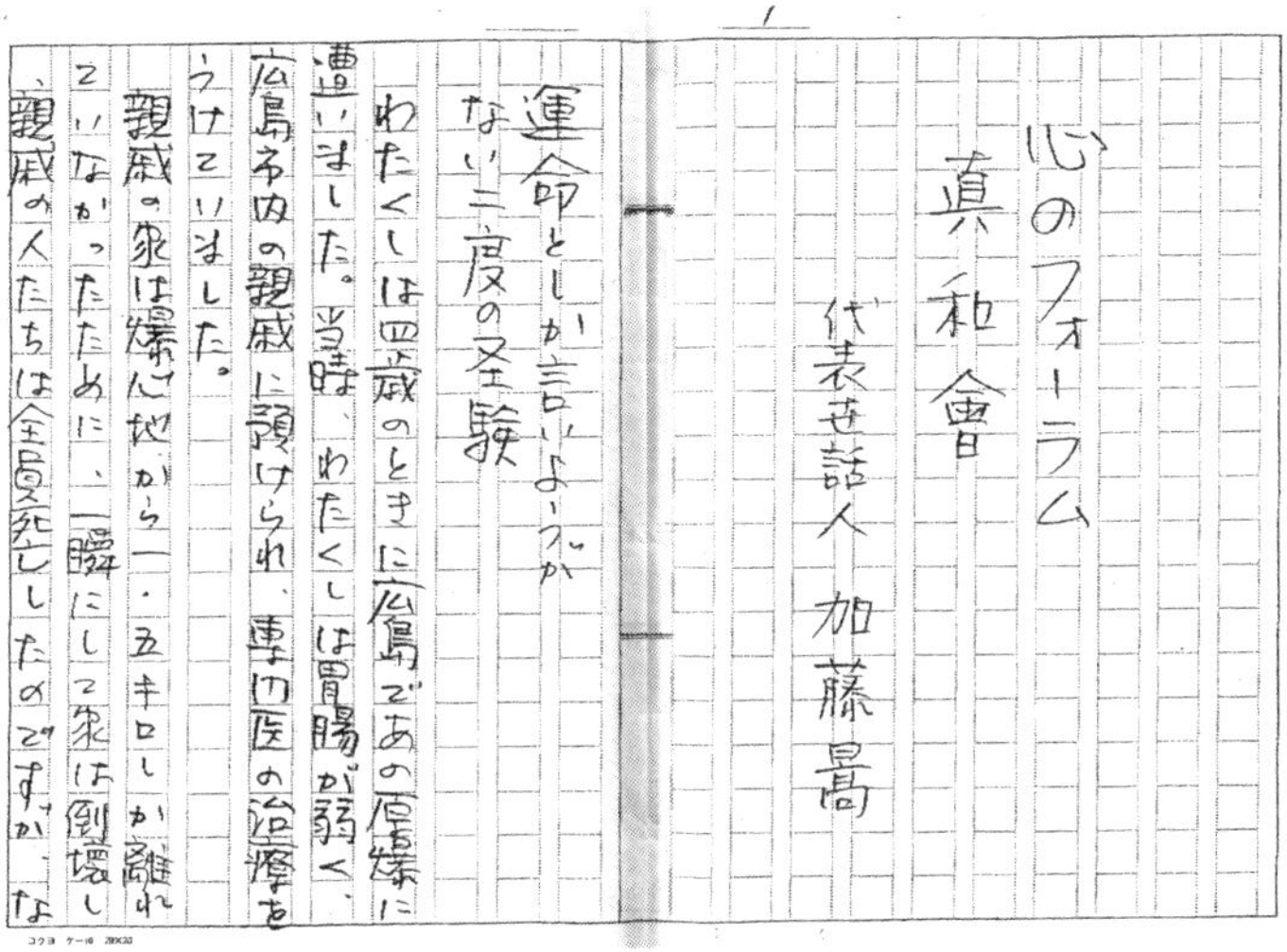
心のフォーラム
真和會
代表世話人　加藤昌
運命としか言いようがない二度の経験
わたくしは四歳のときに広島であの原爆に遭いました。当時、わたくしは胃腸が弱く、広島市内の親戚に預けられ、専門医の治療をうけていました。
親戚の家は爆心地から一・五キロしか離れていなかったために、一瞬にして家は倒壊し、親戚の人たちは全員死亡したのですが、な

加藤が書いた講演会用の草稿

れるほど、わたくしの一生に大きな影響を落としています。余りにも運命的な糸によって、死から生のベッドにそのとき移し変えられたとしか考えられません。

わたくしが神社仏閣にお詣りし、ただひたすらにお教《ママ》を唱え、無心のひとときにひたるのは、この原体験もひとつの大きな要因になっています。わたくしはいつとはなしに、生きていることに感謝する気持をもつようになりました。その気持が神仏に対してごく自然に合掌させるようになったのです〉

その〈原体験〉を紐解《ひもと》く鍵は、彼の故郷にあった。

瀬戸内海の広島湾に浮かぶ能美島――。広島港（旧宇品《うじな》港）から高速船に乗り、穏やかな波を切って約二十分も行くと、島の玄関口、高田

港に着く。牡蠣《かき》の養殖筏《いかだ》とみかん園の段々畑の風景が広がるこの島は、古くは北九州と関西を往来する石炭船の拠点として栄えた。旧海軍兵学校があった江田島とは陸続きになっているが、二〇〇四年に市町村合併によって江田島と能美島が江田島市に組み込まれるまで、江田島町と能美島の大柿町、能美町、沖美《おきみ》町の三つの町は安芸郡と佐伯郡に分かれていた。昭和二十年代、江田島町と能美島の三町には約六万人が暮らし、町の飲み屋も九州からの船員などで賑わったが、今では人口も江田島市全体で約二万人にまで減った。農家の数も激減し、主に牡蠣の養殖事業が島の暮らしを支える。

能美島の東部、旧大柿町は、元衆議院議長の灘尾弘吉の出身地として知られる。灘尾は東京大学を首席で卒業。大分県知事や内務次官を経て、戦後に衆議院議員となり、石橋湛山内閣以来、四代の内閣で文部大臣を務めた。元自民党副総裁の椎名悦三郎や元衆院議長の前尾繁三郎とともに、自民党の三賢人の一人と言われた大物だ。一方、加藤と同世代の能美島出身者には、二〇〇一年九月に四四人が犠牲となった歌舞伎町の風俗ビル火災で、実質的なオーナーとして管理責任を問われ、有罪判決を受けた瀬川重雄がいる。瀬川は全国で風俗店を手広く展開して財を成し、その後は不動産業界に軸足を移して資産を築いた。加藤が遺した英國屋製の手帳にも瀬川の名前はあるが、同じ旧能美町出身でも育った地区が違うため、知り合ったのは後年のことだったとみられる。

加藤は一九四一年、能美島の旧高田村で六人きょうだいの四男として生を受けた。常用漢字でも人名用漢字でもない「暠」は、本来は白く明るいことを意味する漢字である。ただ、字面からは神々しさや威圧感も感じられ、大器となることを期待して名付けられたことが窺い知れる。のちに本人も「難しい漢字ではないが、滅多にない」と誇らし気に語り、気に入っていた様子だったという。七歳年上の長姉、恭子の下にいた二人の兄は早くに亡くなっており、弟もその後、不慮の事故が原因で、わずか五歳で他界している。加藤は事実上、恭子と三歳上の兄、裕康の三人きょうだいで育った。

講演中の加藤

加藤の妻、幸子が語る。

「もともと加藤家は、主人の祖父、住太郎さんが、憲兵と喧嘩をして島を飛び出し、ハワイでデパート経営に成功した資産家だったそうです。子供は四人いて、そのなかで唯一の男子がハワイで生まれた主人の父親、茂さんでした。何不自由ない生活だったので、茂さんは一度も働いたことがない御坊ちゃまだったそうです」

一九二三年（大正十二年）三月五日付の『中国新聞』には、加藤の祖父、住太郎のことがこう記されている。

〈氏は渡米し富を抱いて帰郷し静かに余生を送って居るも未だ老境に入らず有らゆる実業方面に投資して一面村発展に資してゐる。極めて平和な人であって、人の慕ふ徳を持って居る、家庭は常に平和に之れ又村民の羨む程だ〉

住太郎は、世間知らずな息子のためにしっかり者の結婚相手を探した。それが呉の造り酒屋の長女、ハツコだった。一九三三年（昭和八年）に島に嫁いできたハツコは、翌年には恭子を出産。恭子が物心つく頃には、毎月のように恭子を連れて広島市内の呉服屋に出掛け、新しい着物を仕立てては、帰りに洋食屋に通った。息の詰まる田舎暮らしの寂しさを紛らわせる意味もあったが、自宅の食卓にはバタートーストにコーヒーが並ぶモダンな家庭だったという。

宗教的な人生観の原点

一九四三年三月、多額の資産を遺した祖父が七十七歳で死去。さらに翌四四年六月にはハツコも、加藤の弟を産んだ翌日に出血多量により、三十四歳の若さでこの世を去った。当時、茂は三十七歳で、噐はまだ二歳だった。父に続き、乳飲み子と三人の子供を残して妻に先立たれた茂は、オロオロするばかりで、途方に暮れていたという。唯一の救いは、東京の歯科医の家に嫁いだ後、離婚して島に戻り、同居していた次姉、シズヨの存在だった。茂はシズヨに子育てを委ね、自給自足の農業だけでなく、機帆船による運送業も手掛けた。当時、広島の軍港・宇品に拠点を置いた旧陸軍船舶司令部、通称暁部隊が、戦地に兵士や食料を届ける役割を担っており、暁部隊の物資を北九州などに運搬するのが主な仕事だった。だが、輸送物資が日に日に少なくなっていく状況下では、思ったような成果はあげられなかった。

戦況が厳しさを増すなか、加藤家に更なる悲運が襲ったのは、一九四五年八月六日のことである。米軍のＢ29爆撃機が広島に原子爆弾を投下し、一瞬にして広島の街に壊滅的な被害をもたらしたのだ。

当時三歳の加藤は、胃腸の調子が優れず、伯母のシズヨに連れられ、広島市内の病院で治療を受けるため、爆心地から約一・五キロ離れた広島市舟入川口町の親族の家に預けられていた。原爆で家は倒壊し、一家は爆死。瓦礫《がれき》の下からシズヨに覆い被さられる形で辛うじて救出されたのが、暠だった。当初、能美島では、「広島のガスタンクが爆発したらしい」と言われていたが、被爆した人々が次々と船で島に戻り、地獄のような広島の惨状が伝わったことから、茂は居ても立ってもいられず、広島に入った。二日ほど探し回った後、ようやく神社に避難していた二人を見つけたという。

シズヨは火傷を負ったうえに手足を骨折しており、暠も衰弱が激しかった。島に連れ帰られたものの、シズヨ、高ともに体調不良が続き、約一カ月後にある病院に辿り着く。それが宮島の対岸にある旧大野村（現・廿日市市《はつかいち》）の大野陸軍病院だったとされる。後年に高が講演会などで語ったストーリーでは、院長は高を一目見るなり、「この状態ではとても助からない」と入院を拒否したという。その二日後、広島を戦後最大級の枕崎台風が襲い、院長や入院患者が土石流に飲まれ、亡くなった。しかし、実際にこのようなやり取りがあったかどうかは定かではない。

当時の枕崎台風の被害状況については、ノンフィクション作家の柳田邦男が一九七五年に発表した『空白の天気図』に詳しく記されている。九月十七日に来襲した枕崎台風は、原爆による情報途絶で進路予報や警報が出せず、不意打ちの災害だったことから、とくに広島で被害が拡大。二〇〇〇人を超える死者、行方不明者が出た。大野陸軍病院では、病院職員や患者のほか、京都大学の原爆調査班の教授や学生ら計一五六人が亡くなった。大野陸軍病院だけでなく、江田島でも枕崎台風で流失した病院はあるが、当時高は四歳であり、鮮明な記憶があるとは思えない。被爆後に病院を探していたことや枕崎台風の被害状況をのちに聞かされ、九死に一生を得た話として理解したのだろう。

当時、六年生だった姉の恭子は、原爆投下の〝キノコ雲〟を能美島で目撃している。防空頭巾を被って、地元の高田小学校（二〇一四年に廃校）に登校する途中だったという。日々、学校の校庭から見える江田島の海軍兵学校の様子を頼もしく眺めていた軍国少女は、日本が敗戦に向かうなかで、江田島港に停泊した巡洋艦「利根」が米軍機の爆撃で大打撃を受け、船体が四十五度に傾いた末に、大破着底する姿を目撃した。さらに原爆の惨劇に直面したことで、大きな衝撃を受ける。彼女は後年、原爆や戦争をテーマにしたドキュメンタリー番組を数多く手掛けることになるが、その動機を地元の『中国新聞』など複数のインタビュー記事でも語っている。そこでは、被爆した弟や伯母が、自宅療養では回復せず、九月に実家から四キロ離れた病院に入院したこと、さらに自らも学校を休んで病院に泊まり込み、看病に当たったことを明かしている。二人は年末には快方に向かい、退院したとされているが、枕崎台風の逸話はどこにも出て来ない。

経緯はともかく、暠にとって原爆と枕崎台風という二つの〈死と紙一重の戦慄すべき体験〉が、彼の宗教的な人生観の原点になっていることは間違いない。

没落ファミリーの〝神童〟

その後、暠は恭子も通った高田小学校に進学した。同級生だった久保田進は、当時から加藤の頭の良さは群を抜いていたと語る。

「先生が『加藤君は凄いぞ。高校の数学の問題が解ける』と驚いていたのを覚えています。彼の家は、二重屋根になっていて、周囲でも数少ない立派な造りでした」

二重屋根は、居蔵造りと呼ばれる広島県賀茂地方などに多く見られた農家住宅である。二階建てに見えるが、実際には平屋で、断熱効果などの居住性の利点もあるが、景観を重視した造りで、建築費も一般の家屋の一・五倍はかかるものだという。加藤家は、祖父、住太郎から受け継いだ潤沢な資産で家に農耕用の牛を飼っていた。当時はまだ道路も舗装されておらず、周辺には古い牡蠣船の臭いが漂い、牛や馬が行き交う牧歌的な風景が広がっていた。そのうちに茂は、仲間内でお金を融通し合う頼母子講《たのもしこう》に加わり、株式投資も始めた。

異変が起こったのは一九五三年、暠が小学五年生の時だった。NHKがテレビ放送を開始したこの年、日本の政界では二月末の衆議院予算委員会で社会党議員の質問に時の首相の吉田茂が「バカヤロー」と発言。国会は大揺れとなり、内閣不信任決議案の可決、解散へと向かおうとしていた。その最中にソ連の首相、スターリン重篤・死亡のニュースが駆け巡り、東京株式市場は売り一色となった。日経平均は当時最大の下落率を記録し、戦後復興に沸く日本経済に「スターリン暴落」が冷や水を浴びせ掛ける形になった。

暠の兄、裕康の長女、夕紀子が明かす。

「祖父は株式相場で大損をし、不動産投資でもお金を預けた人に騙《だま》されたと聞きました。結局、家も人手に渡り、一家は島を出て広島市内に転居しています。裕福な暮らしから一転して、貧しさと隣り合わせの生活を強いられたそうです」

恭子は、いち早く十二歳で能美島を離れ、広島の第一県女（県立広島第一高等女学校）に通っていた。第一県女はのちに男女共学の皆実高（県立広島皆実高等学校）となり、恭子もそのまま皆実高に進んだ。東京大学を目指したが、受験に失敗し、単身上京。予備校に通い、アルバイトをしながら浪人生活を送ったものの、心身ともに疲れ果て、一年で広島に戻り、広島大学政経学部の夜間部に入学する。裕康も働きながら通信制の高校に通っていたという。そして父、茂は、「加藤家の再興」をたびたび口にし、信仰に救いを求めた。時間を作っては四国八十八カ所を巡り、晩年も百回以上巡礼した者だけが持つことを許される〝錦札《にしきふだ》〟を懐にお遍路を続けた。〝御家再興〟への悲願と信仰心は息子の暠に引き継がれていく。

暠は、広島市内の袋町小学校に転入した。爆心地から約四六〇メートルの袋町小は、被爆の記憶を留める場所として知られている。あの日、学校の木造建築物は焼き尽くされ、数多くの死者を出したが、コンクリート建ての西校舎の外郭だけは辛うじて残り、翌日から救護所として被災者を受け入れた。それから五十年以上が過ぎ、老朽化した西校舎の建て替えの際、漆喰の壁を剝がすと被災直後に避難してきた人々が親族や児童の消息を求めて書き残した「伝言」がいくつも見つかった。その伝言の一部は貴重な被爆資料として保存され、現在も袋町小と隣接する広島平和記念資料館に収められている。

暠は六年生の一年間だけを過ごしたに過ぎないが、この時のクラスメイトとは晩年まで交流が続いた。担任の女性教師を囲むクラス会にも顔を出し、「東京でクラス会をやるなら、費用は全部俺が持つ」と羽振りの良さを見せつけた。実際に参加した同級生の米倉亜州夫によれば、加藤は三越の外商担当などに手配を頼み、出席者全員を帝国ホテルに泊め、はとバスツアーや歌舞伎の観劇をセット。落語家まで呼んで会を盛り上げたという。

「同級生のなかには、東大に進み、日銀理事や名古屋鉄道の会長を務めた仲間もいて、彼が名古屋での集まりでいろいろと手配してくれたことがありました。それが、加藤さんの対抗心に火をつけたのか、『人が真似できないクラス会にしてやる』と豪語していました。加藤さんとは国泰寺中学でも一緒でしたが、当時は級長を務めていたと思う。頭が凄く切れる人だなという印象がありますす」

名門「修道高校」進学と結核療養

その頃、加藤一家は広島県西部の五日市町海老塩浜《かいろうしおはま》（現在の広島市佐伯区）に住んでいたが、就労経験がない茂は、親族の伝手を頼って仕事と住まいを紹介して貰い、肩身の狭い思いをしていたという。恭子と裕康は家庭の経済事情を慮《おもんぱか》り、希望の進路を変更せざるを得なかったが、嵩だけは私立の名門進学校である修道高校に入り、父親が望む東京大学を目指した。

ところが、高校三年の夏、加藤を再び絶望の淵に突き落とす事態が起こる。学校で突然喀血《かっけつ》して倒れ、肺結核の診断を受けたのだ。かつて結核は年間死亡者が一〇万人を超え、「国民病」と恐れられた疫病である。一九五〇年代の後半になるとストレプトマイシンなどの特効薬の普及や栄養状態の改善によって患者数は急減したが、被爆体験を持つ加藤にとっては、原爆症の死の恐怖に直面した瞬間でもあった。当初は被爆の後遺症だと思い込み、誰にも身体の不調を打ち明けることができず、そのため症状が進行し、治療に長期間を要することになったのだ。

のちに昺は、結核の感染経路について、「安い食堂でご飯を食べていた時、近くに酷《ひど》く咳《せ》き込んでいる人がいた。その人が結核患者だったと思う」と幸子に語っている。廿日市の地御前《じごぜん》にある療養所に入院することになった昺は、高校を休学し、実に三年半もの間、療養生活を送ることになる。多感な十代後半を死と向き合い、世間と隔絶された状態で過ごす日々だった。時には外出許可を得て、弘法大師が修行したとされる宮島弥山《みせん》の大聖院に通い、療養所の近くにある宮島競艇で羽を伸ばした。この三年半は、彼の自我の形成に多大な影響をもたらしていく。

入院生活を終えた昺は、山口放送に就職していた恭子の元に身を寄せる。恭子は当初、アナウンサーとして採用されたが、制作部門への異動を希望し、ラジオやテレビで精力的に取材活動をこなしていた。彼女は広島の裁判所に勤務する男性と結婚し、JR岩国駅から近い三笠橋のアパートに暮らしており、昺は姉夫婦の家に同居する形で、一九六三年四月に山口県立岩国高校の三年に編入した。この時彼は二十一歳になっていた。四歳上の同級生の登場は、クラスメイトに強烈な印象を残した。席が隣だった松下邦彦が述懐する。

「彼の語り口は人を惹き付け、心酔させるものがありました。成績も優秀でしたが、四年のブランクで、数学だけはどうしても追い付けなかった。そこで一学期の終わりに『一緒に勉強してくれ』と頼まれ、夏休みの間、私が彼の家に通って分かる範囲で教えました。『修道高校で、自分より成績が下の者が何人も東大に入った。自分も病気にさえならなければ……』と何度も口にしていた。彼なら東大を出て、官僚か政治家になる道もあったと思う」

ところが九月になり、二学期に入って間もなく、加藤は突然学校に来なくなり、家からも忽然《こつぜん》と姿を消した。数日後、当時学校で番長格だった同級生の八木明男（仮名）の元に嵩から電話が入った。

「お姉さんが心配しとったで。どうしたん？」

八木がそう尋ねると、嵩は学費用にと姉が貯めていたカネを持ち出し、福岡の競艇場に来たが、すべてスッてしまったと打ち明けた。「倍にしちゃる」と意気込んでいたものの、一文無しになり、帰るに帰れなくなったのだ。

「俺はこっちで、夜の街でギターを弾きながら演歌の流しになるけぇ」

唐突な告白に八木は呆気《あっけ》にとられた。嵩は、ギターがまったく弾けなかったからだが、それでも頭ごなしに否定する気にもならなかった。嵩は日頃から、努力さえすれば自分に出来ないことはないと思い込んでいるところがあり、その行動力を知っていたからだ。結局、嵩は福岡の興行を手掛ける芸能社に飛び込みで営業をかけ、必死に売り込んだが、あっさりと断られてしまったという。

嵩が無賃乗車で岩国まで戻ってきたのは、それから少し経ってからのことだった。列車が岩国駅に近付き、スピードを落とすと、何食わぬ顔で飛び降りて柵を乗り越えた。彼にとっては造作もないことだった。その後の顛末《てんまつ》を恭子の長男、公紀《まさき》が明かす。

「競艇でスッたのは、母のタンス預金から拝借した一〇〇万円だったそうです。ただ、母はさして怒るでもなく、『暠ちゃんだってお金を増やそうとしてやってくれたんだから』と言って許したと聞きました。叔父はその後も、何かある度《たび》にこの話をして、『だから俺は一生姉貴には頭が上がらないんだよ』と笑っていました」

四年遅れの早大商学部入学

母親代わりだった恭子は、不憫《ふびん》な境遇の暠を溺愛した。彼女はのちに、原爆小頭症患者とその親を追ったテレビドキュメンタリー「聞こえるよ母さんの声が―原爆の子・百合子」で文化庁の芸術祭大賞やベルリン未来賞を受賞。人間魚雷「回天」の戦没学徒兵や中国残留婦人など一貫して戦争をテーマにしたドキュメンタリー作品を世に送り出し、男社会のテレビ制作の現場で、華々しい活躍をみせた。民放初の女性取締役となり、岩国市の教育長を務めあげ、二〇一七年に亡くなったが、暠のことは生涯、徹底して庇《かば》い続けていた。

彼女が暠に宛てた夥しい数の手紙のなかには、次のような言葉が残されている。

〈私は貴男《あなた》がいるからこうして辛うじて生きていられるのです〉

〈暠ちゃん！どうか一瞬でも長く、熱く生きてください〉

恭子は世間を騒がせ続けた弟を、祈るような気持ちで見守ってきた。

家出から戻った嵩は、受験に向けて追い込みの秋を迎えていた。勉強仲間だった松下は、嵩が「今から東大は無理なので、一橋大を受けようと思う」と話していたことを記憶している。ちょうどその頃、嵩は突然八木の家を訪ねた。八木は高校二年の時に、当時武闘派として鳴らした山口組系柳川組入りを志して大阪に家出をした武勇伝を持ち、進学組でも就職組でもない存在だった。加藤は八木に告げた。

弟を終生溺愛した姉の恭子（左）と加藤

「お前は家にカネがあるんじゃから、一緒に東京行こう」

嵩は手に、東京の私立大学の分厚い入試過去問題集を抱えていた。八木が「俺は勉強もしたことがないのに、何をすりゃぁええんじゃ」と返すと、嵩は、「覚えりゃぁええんじゃ」と、ひと言言い放ったという。八木が当時を振り返る。

「人生の転機になった日で、今でも忘れません。十月十八日のことです。加藤は黒板に書かれていることを写真でも撮るように覚え、家で書き写せるほどの記憶力の持ち主でした。その加藤が、とにかく覚えろと言う。そこから学校にも行かないで、一日二十時間くらいひたすら丸暗記しました。何ページに何が書いてあるかまで覚えた結果、見事十校に合格。私は法政大を選び、加藤は早稲田大の商学部に合格して、一緒に東京に行ったんです」

その後、二人は八〇年代の半ばから相場の世界でも共闘し、付かず離れずの関係で晩年まで付き合いを続けていく。

暠のかつての同級生たちが大学を出て、就職していくなか、暠は周回遅れでようやくスタートラインに立った。だが、父、茂だけは手放しに喜んではくれなかった。

「早稲田はつまらん。東大じゃなきゃつまらんよ」

暠には面と向かって言わなかったものの、茂が周囲にそう話していたことは暠にも伝わっていた。親から引き継いだ資産を食い潰し、辛酸を嘗《な》めてきた茂にとって、暠は〝加藤家再興〟の希望の星だった。それは十分理解していたが、労《ねぎら》いの言葉を期待していた暠の心境は複雑だった。

刹那的な人生観と「岡三証券」入社

大学に入学した暠は、下落合の安い下宿を根城にして、アルバイトに明け暮れる日々だった。最初は八木と一緒に新宿にある歌声喫茶「カチューシャ」に勤めた。約一年働き、その後はバーテンダーをしたり、年齢を偽って不動産会社に就職。那須の別荘地で建売住宅を売り、トップセールスマンになるなど、おおよそ学業とは縁遠い生活を送った。ただ、持ち前の要領の良さで、商学部で人気の金融論の望月昭一教授のゼミに潜り込んだ。授業にはあまり出席しなかったが、独特の存在感を発揮した。ゼミの同級生が語る。

「私たちのゼミは一学年で一〇人しか入れない狭き門でしたが、みんな仲が良かった。加藤は原爆手帳を持ち、自分が原爆症で、限りある命だということを常に意識していました。だから人生設計を立てて着実に歩むような生き方は出来ないと達観し、ある意味で刹那的な生き方を選んでいったのです」

紘は、望月ゼミの同級生とは、卒業後も親しく付き合った。時には銀座で集まり、一本三万円の高級シャンパン「ドンペリニヨン」を参加者全員に配るなど、大盤振る舞いすることもあったという。同級生のなかには、のちの首相、竹下登の秘書を経て出雲市議、島根県議、さらに県議会議長を経験した原成充《しげみつ》もいた。紘が飛び抜けて優秀だった訳ではない。だが、後年、加藤紘の名が世間で知られるようになると、いつしか彼が、早稲田大にトップの成績で合格し、〝全優〟で卒業したという話が独り歩きし、半ば伝説化した。遺品として残された成績表を確認すると、大半が〝優〟ではあるが、〝良〟が五つあり、体育の実技に至っては〝可〟だった。紘は、一九八一年一月号の月刊『文藝春秋』で、ジャーナリストの田原総一朗の取材に応じ、次のように語っている。

〈四年間遅れたが、何とかしてそれを取り戻してやろう。日本が会社社会で、一流会社に入った方が有利だとはわかっていました。そのためには、とにかく猛勉強して内申書をよくすることだ、とね。何しろ、ぼくは年齢のハンディがありますからね。それでムチャクチャに頑張って、

内申書を全優にしました〉

誤情報の発信源は、髙本人だった。髙の妻、幸子が、〝真相〟を明かす。

「ゼミの望月教授の肩を揉んで、御機嫌をとり、卒論なしで卒業したと話していました。彼は同級生とは四年遅れているので、就職するにも年齢制限で、初めから大手への就職が望めませんでした。それで証券業界では中堅の岡三証券に就職することになったのです」

奇しくも彼が足を踏み入れたのは、加藤家を絶望の淵に陥れ、父親の足を掬《すく》った相場の世界だった。

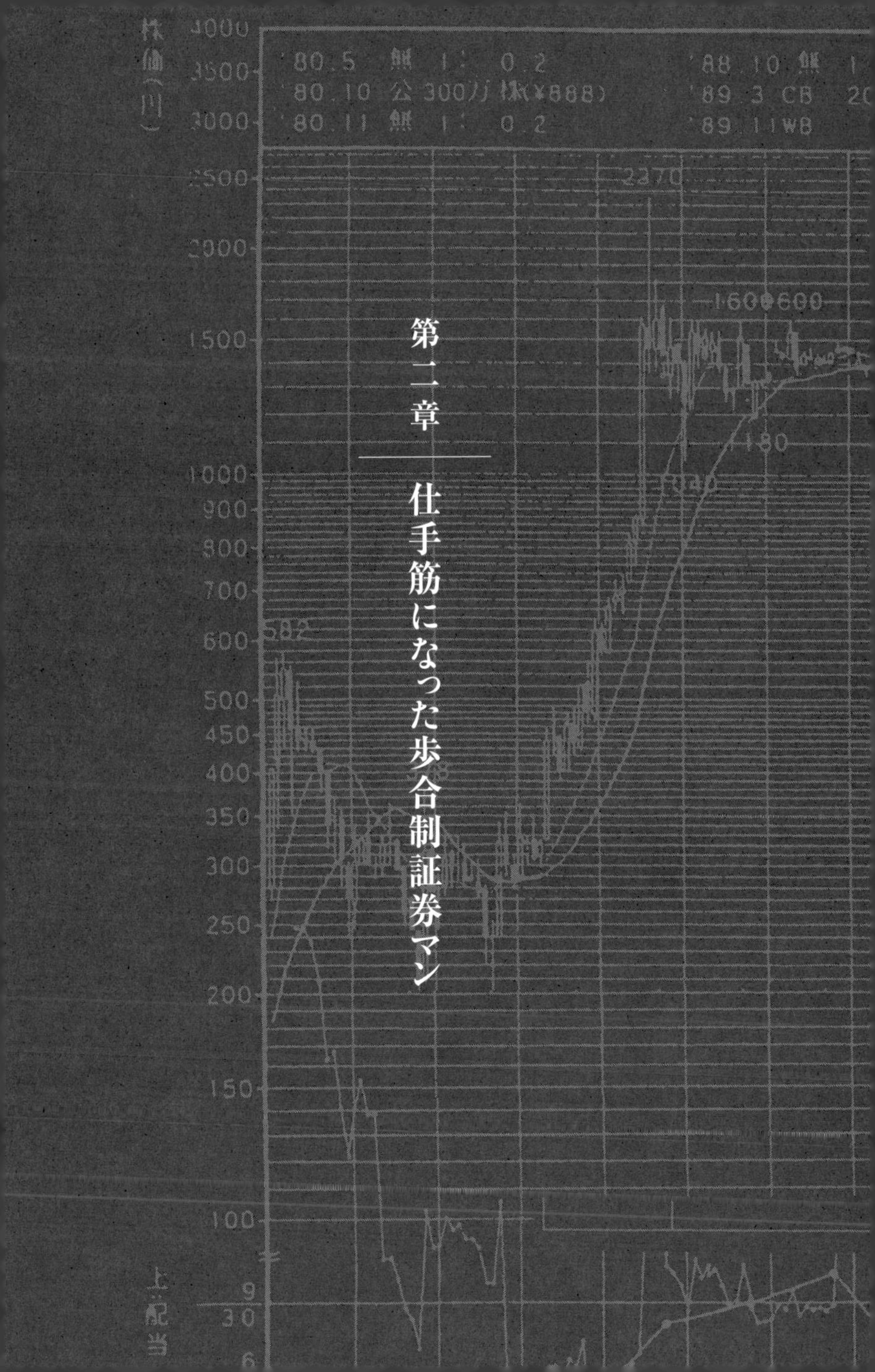

第二章

仕手筋になった歩合制証券マン

新人らしからぬ新人

ベトナム戦争が泥沼化し、日本で学生運動の嵐が吹き荒れていた一九六八年春、加藤暠は早稲田大学商学部を卒業し、岡三証券に入社した。株式市場は、六〇年代初頭から続いた証券不況からようやく脱却し、いざなぎ景気の波に乗って回復局面を迎えようとしていた。この年の四月一日、証券界は戦後から続く登録制から免許制に移行。弱小証券が振るい落とされ、大蔵省による護送船団方式の保護行政が、規制緩和で再び登録制に戻るまで三十年にわたって続いていくことになる。三重県津市で創業して戦後、大阪・北浜に進出した準大手の岡三証券も、本社を東京に移し、業界再編のうねりのなか、単独で免許を取得して総合証券会社の道を歩み始めた。加藤と同期入社だった高谷利彦が振り返る。

「加藤は入社試験ではトップクラスの成績だった。ひどく痩せていて、言葉遣いも横柄でね。何か妙な粉を飲んでいたから、聞いてみると、若いのにマムシの粉を飲んでいた。最初は四歳年上だとは知らないから、変わった奴だなと思っていました。その年の新入社員は五五人で、最初は松戸にある研修所で学びましたが、そこで彼から幼少期に被爆した話も聞かされた。『結婚しても子供は作れないんだ』と。彼は成績優秀者が行く虎ノ門支店に同じ早稲田出身の同期二人と配属されました」

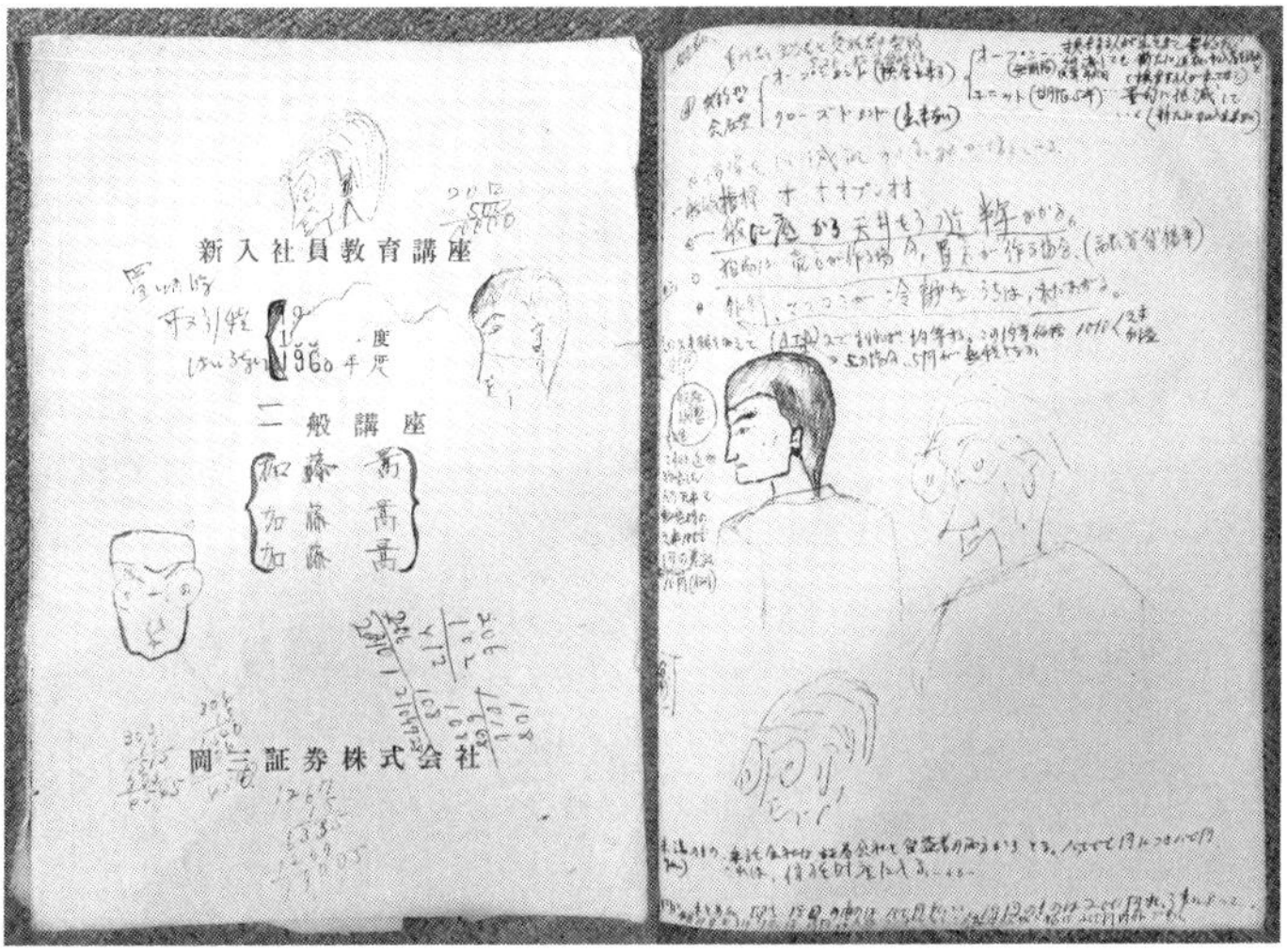

加藤が岡三証券の新人研修で使ったテキスト

加藤が新人研修で使った「新入社員教育講座」のテキストが遺品のなかに残されていた。表紙には青字で描かれた自画像と思しき落書きがいくつもあり、ボロボロの冊子を捲《めく》ると、そこには株に関するメモがびっしりと書き込んである。

〈一般に底から天井をうつ迄半年かかる〉

〈相場は売方が作る場合、買方が作る場合（融資貸借率）〉

〈銀行、マスコミが冷静なうちは、未だあがる〉

加藤は会社が借り上げた北千住の風呂なし、共同トイレの「日の出荘」という名のアパートに住み始めたが、しばらくするとその部屋を高校の同級生だった松下邦彦に又貸しし、自分は別に部屋を借りた。仕事では新規顧客を開拓する飛び込みの営業マンとしてすぐに頭角を現したが、新人らしからぬ言動は上司からの不評を買ってもいた。高谷が続ける。

「当時の支店長代理は、加藤よりも何でも言うことを聞く従順な彼の同期の一人を可愛がっていました。そして加藤がとってきた注文を成績不振のその同期に次々と付け回すようになり、それを知った加藤が怒りを爆発させたのです」

最後は支店長に食ってかかり、「私と支店長代理のどっちをとるんですか」と迫ったという。

結局加藤は、わずか一年で岡三証券を辞め、小さな商社に入った。その頃に新宿のダンスホールで知り合ったのが、のちに妻となる一歳上の幸子だった。群馬県出身の幸子は上京後、外資系の化粧品会社「レブロン」に勤務し、実演販売のトレーナーとして働いており、この日はたまたま同僚とダンスホールを訪れていた。加藤は当時二十六歳。自信を漲《みなぎ》らせた言動と強烈な個性は、幸子にとって新鮮に映ったという。

「私たちは出会ってすぐに同棲を始めました。かぐや姫が唄った『神田川』のような慎ましやかな生活でしたが、私は外資系で給料がよかったので、それを生活費に充てていました。彼は将来お金を作って社会貢献がしたいと話していて、『お金を儲けるには何の仕事がいいだろうか。不動産、金融、株、水商売…全部経験してみたい』とよく話していました。男の人っていっぱい夢を語りますよね。夢を語っても、それが、いずれ愚痴になってしまって終わることが多いでしょう。だけど、彼は夢物語じゃなくて、一つ一つ実現させて行く人だなと思いました。唯一、タクシーの運転手だけは経験できなかったと話していましたが、若い頃は給料の一部を障害者施設のようなところに寄付していました」

二人は正式な結婚式は挙げていない。幸子の妊娠が発覚したことで、一九七四年三月十五日に籍を入れたが、この時には流産を経験している。幸子は「花嫁衣裳を着たい」と常々語り、加藤もその意向を受け入れて、一九八一年頃に正式に結婚式の準備を進めたこともある。加藤が早稲田大出身だったことから、結婚式場として大隈会館（現在のリーガロイヤルホテル東京）を予約し、大学時代の恩師の親友に仲人を依頼して挨拶も済ませていた。ところが、加藤に事件捜査が及び、結婚式はご破算になった。その後も、幾度となく結婚式の計画は持ち上がったが、その度にトラブルが浮上し、生涯二人が結婚式を挙げることはなかった。

加藤は商社を退職後、日本生産性本部出身の梅田修らが設立した「日本経営開発研究所」に入り、彼らのカバン持ちをしながら経営コンサルタントの実務を学んだ。そして次に飛び込んだのはまったく畑違いの夜の世界だった。

中日スタヂアム事件の衝撃

「水商売をやって、そこで一番になりたい」

加藤がそう打ち明けた時は幸子も驚いたが、一度言い出したら聞かない性格であることも分かっていた。本人はあっけらかんとしていたが、そこには世間知らずで痛い目に遭った父親と同じ轍《てつ》を踏まないよう、徒手空拳で逞《たくま》しく生き抜く術を身に付けたいという思いもあったのだろう。加藤はすでに新聞広告で、〝幹部候補生募集〟を謳《うた》っていた勤め先の当たりもつけていた。

「都内でキャバレーチェーン『クインビー』を経営する根本観光という会社でした。新宿の店でボーイとして呼び込みの仕事から始めていました。普通なら恥ずかしくてなかなか出来ないものですが、彼は、大学時代の恩師にも得意気に『今、こういうのをやってます』とチラシを渡して宣伝していました。ゼミの同期だった竹下登さんの秘書さんなども、『使えるおカネが結構あるから』とたびたび来てくれたそうです」

新宿中央口のヒカリ会館内のクインビーで、客の呼び込みからウェイター、皿洗いまで何でもこなした。会社側に気に入られ、三カ月後には歌舞伎町のクインビー会館にあったクラブを任されるまでになった。店長に抜擢されたことが、よほど嬉しかったのか、友人らを店に招き、マイクを片手に場内アナウンスをやってみせたこともあったという。

しかし、クインビーも一年ほどであっさり辞めてしまった。居場所をみつけ、そこで認められると、やがてまた新しいことを始めたくなる。一カ所に留まっていられない堪《こら》え性のなさは、周囲にとっては迷惑極まりない悪癖でしかないが、加藤はお構いなしだった。

その後は、「金融のことが学べるかもしれない」と新聞の求人広告でみつけたゲーム機販売や金融業を手掛ける「ジャパンリース」の門を叩いた。会社の経営者は関口政安という男だった。加藤は社長室長という肩書を与えられ、関口の資産運用を担当。株式投資のために、かつて勤務した岡三証券の虎ノ門支店に口座を開設した。岡三証券の同期だった高谷は、加藤が支店の窓口に現れ、カウンターに靴のままで足を乗せて、「俺は客だ」と踏ん反り返っていたという話を耳にした。会社を辞めた時のトラブルの腹いせのつもりだったらしく、本人も「恨みを晴らして来た」と得意気だったが、支店長ら当時を知る関係者からは総スカンだった。ただ、加藤は持ち前の勘の良さで、短期間で関口の資産を億単位まで増やすことに成功したという。その後、六〇〇〇万円の退職金を手に会社を去った。だが、関口との因縁はこれでは終わらなかった。彼には〝裏の顔〟があったのだ。

一九七三年（昭和四十八年）五月二十三日、ゲーム業界の顔役だった中日スタヂアムの運営会社の社長、平岩治郎が、三重県志摩郡の黒崎海岸で水死体となって発見された。宿泊していた旅館には遺書が残されており、経営難を苦にした自殺と断定された。そこから始まった倒産劇は、〝中日スタヂアム事件〟と称され、手形の乱発により、三十社にのぼる連鎖倒産を招き、隠された凶悪犯罪を次々と白日の下に晒《さら》した。関口は、乱脈経営に止めを刺した手形パクリ屋グループの一人で、別件の恐喝事件で逮捕されると、暴力団員の殺し屋を雇った連続殺人を自供。三人の殺人が認定されて一九八九年に死刑が確定した。痴情のもつれで邪魔になった不倫相手の夫に続き、三〇〇〇万円の貸付金を返済しない男を殺害し、行方を心配する被害者の妻に取り入って同棲するなど、無軌道な行動は社会の関心を集めた。

一方、ジャパンリースを辞めた加藤は、退職金を元手に手っ取り早く儲かりそうなサラ金業を始めた。幸子の手も借りながら団地にチラシを撒いて回り、一定の顧客はついたものの、思ったほどの儲けには繋がらなかった。そこで早々に見切りをつけて、再び株の世界で勝負すべく、就職先探しに奔走し始めていた。三社ほど候補を絞り込んだなかで、最も有力なルートをもたらしたのは、岡三時代の同期、高谷だった。彼は父親がかつて老舗の高谷証券を経営していた関係で十一歳から株投資を始め、日本大学では証券研究会に所属した筋金入りであり、業界にも顔が広かった。高谷は加藤から「お前のオヤジの力で何とかならないか」と就職の世話を頼まれると、二日後には証券研究会の先輩にあたる木徳証券（のちの黒川木徳証券）第一営業部次長の友成穂秀との面談を設定した。米問屋をルーツに持つ木徳証券は、弱小ながら伝統があり、堅実な経営で知られた。

夏の暑い日だった。面談場所は東京・新宿にある「タカノフルーツパーラー」。友成と向かい合って座った加藤は、正社員ではなく、歩合制で業務委託契約を結ぶ外務員として働くことを希望し、採用への口添えを頼んだ。友成が感慨深げに振り返る。

「小一時間ほど話をしたのですが、頭もよくて活気が漲っている印象でした。使いようによっては大化けするかもしれない、オール・オア・ナッシングの男だと感じて担当者に話を繋いだのです」

そして外務員が所属する第二営業部に採用が決まり、加藤は三十一歳で新たなスタートを切った。その直後、関口の事件が火を噴いたのだ。

小川薫と巡礼と六一〇〇万円の歩合報酬

「どうしたらいいだろうか」

高谷の元には友成からすぐに連絡が入った。高谷は、加藤は会社を辞めたことにして広島に一旦帰らせるか、どこかに身を隠した方がいいとアドバイスした。いつもは怒らない姉の恭子も、「次から次へと会社を変わって、期待されてもすぐに辞めるから罰が当たったのよ」と珍しく加藤に苦言を呈していたと幸子が振り返る。

「主人は関口の犯罪については何も知りませんでしたが、大変なことになったと憔悴《しょうすい》しきっていました。一時は身を隠したり、熊本まで災いを封じ込めてくれる祈祷も受けに行きました。実際には警察は内偵捜査を続けていくなかで、当初から主人は関与していないことを把握していたようです。幸い事情聴取も一度もなく、潔白が証明されて難を乗り切ったのです」

しかし、加藤の遺品のなかには関口の代理人弁護士のサインと押印がある一九八五年（昭和六十年）五月十六日付の加藤宛の念書が残されていた。そこには、こう書かれている。

〈貴殿の友人　明石光信氏より、本日提供を受けました金員については、私関口政安の刑事事件に関連して死亡された被害者の遺族に対する慰謝料等としてのみ使用すること、並びに、貴殿と私との間に一切の債権債務のないことを確認すると同時に、今後名目の如何を問わず、貴殿に対し、一切の金銭的要求をなさないことを確約します〉

さらに資料を当たっていくと、その約一年前、関口の弁護人が加藤の兄、裕康に差し入れた「御預証」と題する二通の文書も見つかった。それによれば、金銭要求の発端は〈加藤暠氏と関口政安との間の貸借問題〉と記されており、この時点ですでに合計二〇〇万円が支払われ、〈今後、尚話合を続ける〉と明記されていた。加藤は、危機を乗り切った後も凶悪犯の影に怯《おび》えながら薄氷を踏む思いで兄や友人を交渉役に立て、関口側と長いやり取りを続けていたのだ。一時期、加藤は、本名の「加藤暠」ではなく、通名の「加藤資久《もとひさ》」を名乗ることがあり、富士銀行で総合口座通帳まで作っていたが、それも関口の件と決して無縁ではないだろう。

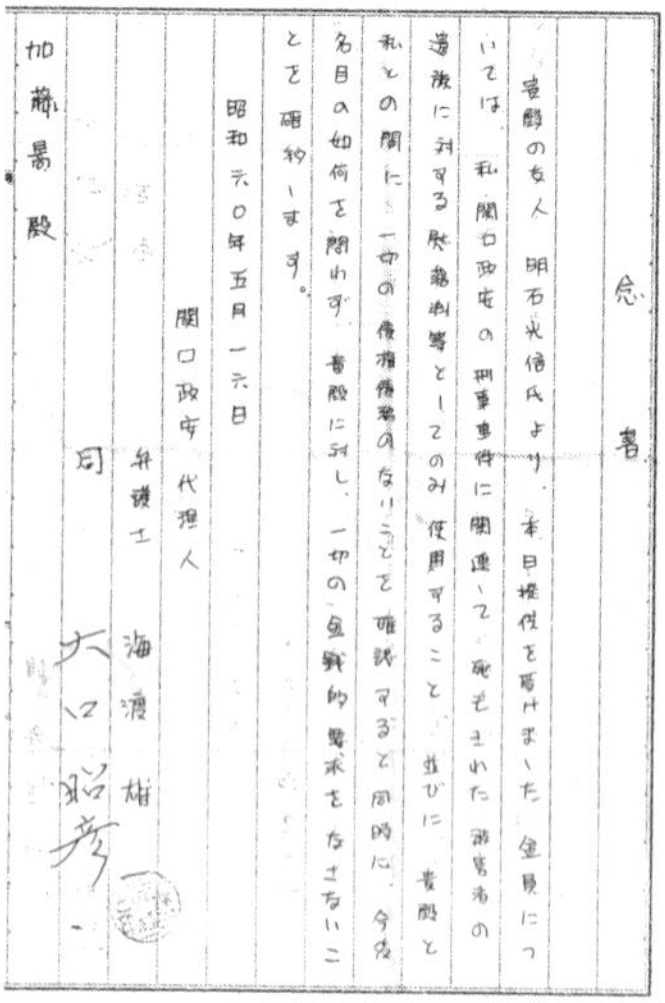
念書

貴殿の友人 明石光信氏より、本日提供を受けました金員については、私 関口政安の刑事事件に関連して発生した諸費用の弁護に対する報酬料等としてのみ使用すること 並びに 貴殿と私との間に一切の債権債務のないことを確認すると同時に、今後名目の如何を問わず、貴殿に対し、一切の金銭的要求をなさないことを確約します。

昭和六〇年五月一六日

関口政安 代理人

弁護士 海渡雄一

同 大口昭彦

加藤暠殿

関口政安が加藤宛に差し出した念書

再び証券業界に舞い戻った加藤だったが、当初はなかなか成果をあげられず、月額の報酬もせいぜい二〇万円に満たないほどだった。大卒サラリーマンの初任給が約七万円とされた時代に決して悪くはない給与だったが、到底満足の行くものではなかった。そこで当時、月に一〇〇万円を稼いでいた先輩証券マンに教えを請い、彼が通っていた、天狗伝説で知られる神奈川県南足柄市の曹洞宗大雄山最乗寺《だいゆうざんさいじょうじ》に参拝したという。鬱蒼《うっそう》とした老杉に囲まれた三百五十四段の階段を上りきると十一面観世音《かんぜおん》菩薩が奉安されている「奥の院」が姿を現した。そこで僧侶から「なぜそんなに熱心にお参りされるのですか」と声を掛けられた加藤は、仕事の悩みなどを正直に打ち明けた。すると、その僧侶は、こう告げた。

「日本百観音と四国八十八カ所を巡礼し、それが終わったら善光寺、四天王寺、泉涌寺《せんにゅうじ》、高野山に行きなさい」

日本百観音とは、西国三十三所、坂東三十三所、そして秩父三十四所を合わせた百カ所の観音霊場を指す。加藤の巡礼の旅は、ここから本格的に始まっていく。土曜日になると午前中で仕事を終えた幸子を乗せてクルマで出掛け、日曜日には幸子が握ったおむすびと卵焼きと麦茶を持って各地を回った。鎌倉の杉本寺を第一札所とする坂東三十三所を回っている途中で知り合ったベテラン証券マンは、「熱心にやれば、自然に株価のチャートが頭に浮かんでくるはずだ」と加藤に囁《ささや》いた。その言葉に感化され、ますます没入していった加藤が数年をかけて辿り着いたのが、浅草にある待乳山聖天だったという。寺院には一九八〇年六月十五日に加藤資久に対し、輪袈裟《わげさ》を授与した記録が残っている。幸子が語る。

「どんな立派な神社も、自分本位のお願い事ばかりでは歓迎されません。ただ、聖天さんは、仕事の成功やお金儲けの祈願であっても、何でも自分勝手にお願いしていいと紹介されたんです。

加藤はやると決めたら極端な人でしたから、百八回を満願として毎日通い、冬には一緒に御百度を踏んでいました」

仕事では顧客の新規開拓のため、貪欲に人脈を広げる努力を続けた。そのなかで、加藤は同じ広島県出身の大物総会屋、小川薫とも早い段階で知り合っている。小川は、加藤と初めて会った時の強烈な印象をこう語っている。

「はじめて会ったのは、たしか昭和四十八年の夏。知人を介してここ（小川氏の主宰する東京・京橋の『小川企業』事務所）に訪ねてきたんだが、入るといきなり、カバンのなかからポンと現ナマを出すわけよ。『使ってください』と。たしか百万円だな。こっちはあっけにとられてね。だってそうだろ、初対面でいきなりカネを差し出されたって『はい、そうですか』と誰がうけとれますか？」（『週刊大衆』一九八一年四月二十三日号）

結局、小川は「そういうカネをあんたからもらう筋合いもない」と一〇〇万円は受け取らなかったというが、二人には競艇という共通の趣味もあり、次第に関係を深めていった。木徳証券の資料などによれば、加藤を扱い者とした取引口座数は、外務員になった一九七三年八月時点では九口座に過ぎなかったが、翌年には六〇口座に増え、取扱株数も一一二〇万株を突破、歩合手数料報酬は一〇〇〇万円を超えている。さらに一九七五年は取扱口座が一〇〇口座に達し、取扱株数は五一〇〇万株超、報酬も六一〇〇万円に跳ね上がった。

若き日の加藤

悪を飲み込んでも

加藤はこの頃、明治三十年創刊の老舗経済誌『実業の日本』（一九七五年六月十五日号）の誌面に加藤資久として登場している。経済評論家の内橋克人が、連載「現代サラリーマン士道」のなかで、「計画人生・五億円の蓄財目標」と題し、三ページにわたって顔写真入りで紹介。その激賞ぶりからは、内橋が加藤の巧みな話術に引き込まれ、感銘を受けた様子が見て取れる。

〈今回登場する人物は、三〇歳代が終わるまでに五億円の蓄財達成を宣言する証券セールスマンであるが、その目的は重度身心障害者のための福祉事業を個人の力で興すため、という。これはおそらく兜町はじまって以来の勝負師の出現というべきではあるまいか〉

小見出しには〝兜町の風雲児〟という言葉が躍り、加藤のセールス成績が、一五〇〇人といわれる東証登録甲種外務員のなかで常にベストテン入りし、収入は月平均三〇〇〇万円以上、年収一億円に達するのも時間の問題だと持ち上げている。加藤は、幾多の壁にぶつかりながら、世の中の仕組みを覚え、信用とは力であり、すなわちそれは、カネと人間的な魅力であるとの境地に辿り着いたとし、自らの言葉でこう語っている。

「ものごとの良い、悪いの判断は、決して一面的につけられないものだ、と身に沁みてわかった。社会正義にもとるような間違ったこと、それも現実の中に含まれているということ、決して架空のものじゃあない。ある人はその現実を現実として認めようとせず、手を汚さないでそのまま通り過ぎるし、またある人はその存在すら知らずに行ってしまう。でも、世の中でほんとうのものは、そういう悪に濾過されたものだけではないか、濾過された真実がほんとうの真実だ、と、そういうことが身体中でわかりましてね」

言葉が上滑りしている感は否めないが、そこには金儲けを否定せず、悪を飲み込んでも理想を追う決意が滲《にじ》んでいる。加藤のある種の人生哲学が垣間見えると言ってもいいだろう。加藤を木徳証券に紹介した友成は、順調に成績を伸ばしていく加藤と久々にゆっくりと言葉を交わした時、彼の口から意外な話を聞かされている。

「私は一段落したら、世間に名前が売れる前に、証券界から足を洗おうと思っています。証券界を去るのはこれで二度目ですが、今度は外務員で得た収入を元金にして、ブラジルで大規模な農場を経営しようと思っています」

驚いた友成が、「上司にはもう話したの？」と聞くと、加藤は「まだです」とだけ答えたという。

その舌の根も乾かないうちに、メディアに登場し、「証券セールスというきわどいビジネスは、自信がないと絶対に成功しませんね」と雄弁に語っているのだ。

加藤は当初、相場でも失敗を繰り返していた。獲得した顧客を仕手戦で大きく儲けさせたいが、当時の加藤にはまだ仕手戦の主体になる力はなく、あくまで他者が仕掛ける仕手戦に便乗する形だった。資金力ある買い手と売り手が攻防を展開する仕手戦は、狙いを定めた低位株を密かに買い集める〝玉集め《ぎょくあつめ》〟から始まる。資本金が一五億円から三〇億円程度の中小規模の会社を選び、発行株式のうち安定した株主に保有されていない浮動株が少ない銘柄をできるだけ安値で買い付けていく。ある時、加藤は他社の外務員などと連携しながら、日産農林工業株を手当たり次第に買い漁った。ところが、途中で組んでいた日興証券の外務員が約束を破り、売り方に回ったことで値崩れを起こし、結果的に加藤の顧客は損失を被ることになったという。仲間の裏切りを知った加藤は、怒りに打ち震えたが、それもまた仕手戦には付き物のリスクだった。この件は、日興証券を含む四大証券に対する加藤の不信感の萌芽とされている。

千代田化工建設株と平和相銀の〝外様四天王〟

転機となったのは一九七五年（昭和五十年）から始まった千代田化工建設株の仕手戦だった。

この時は、中堅ゼネコン、間組の子会社で、株式投資のペーパーカンパニーだった大井川興産が仕手の本尊とされたが、実態は大井川興産のダミーとして日本橋信用なる仕手筋も買い占めに関わっていた。当初、日本橋信用は正体不明の新手の仕手筋と目されていたが、のちに加藤が一五〇〇万円の保証金を入れて茅場町に事務所を借り、早稲田大学時代の同級生をトップに据えた証券金融会社として正体を現した。しかし、その過程で、買い方だった大井川興産が間組からの巨額の貸付金を焦げ付かせたうえ、折からの景気衰退もあって仕手戦に惨敗。加藤側は大量の千代田化工建設株を抱えたまま、売り抜けられず、窮地に陥ってしまった。

その瀬戸際で加藤に買い手を紹介し、事態の収拾を図ったのが、平和相互銀行の〝外様四天王〟と呼ばれた外部ブレーンの一人、正和恒産の安積《あさか》正だった。安積との出会いは、ピンチをチャンスに変える好機となった。安積から広がった人脈は、加藤の可能性の扉を次々と開いていくことになる。元平和相銀秘書役の山田穂積が述懐する。

「安積さんは不動産業がメインで、首都圏に基盤を持つ平和相銀の支店用地の確保などを任されていました。人脈が豊富で、政界暴露雑誌のハシリと言われた『政界ジープ』に太いパイプを持っていた人でした。政界との繋がりだけでなく、横須賀の海軍通信学校時代の同窓には稲川会二代目会長となる石井さんもいました。その後、安積さんは加藤さんを平和相銀の創業者、小宮山英蔵の元に連れて来たのです」

小宮山は、屑鉄の売買から一大コンツェルンを築いた剛腕で、加藤は小宮山と知遇を得たことで一気に飛躍していく。

第三章

誠備の誕生と〝黒幕〟笹川良一

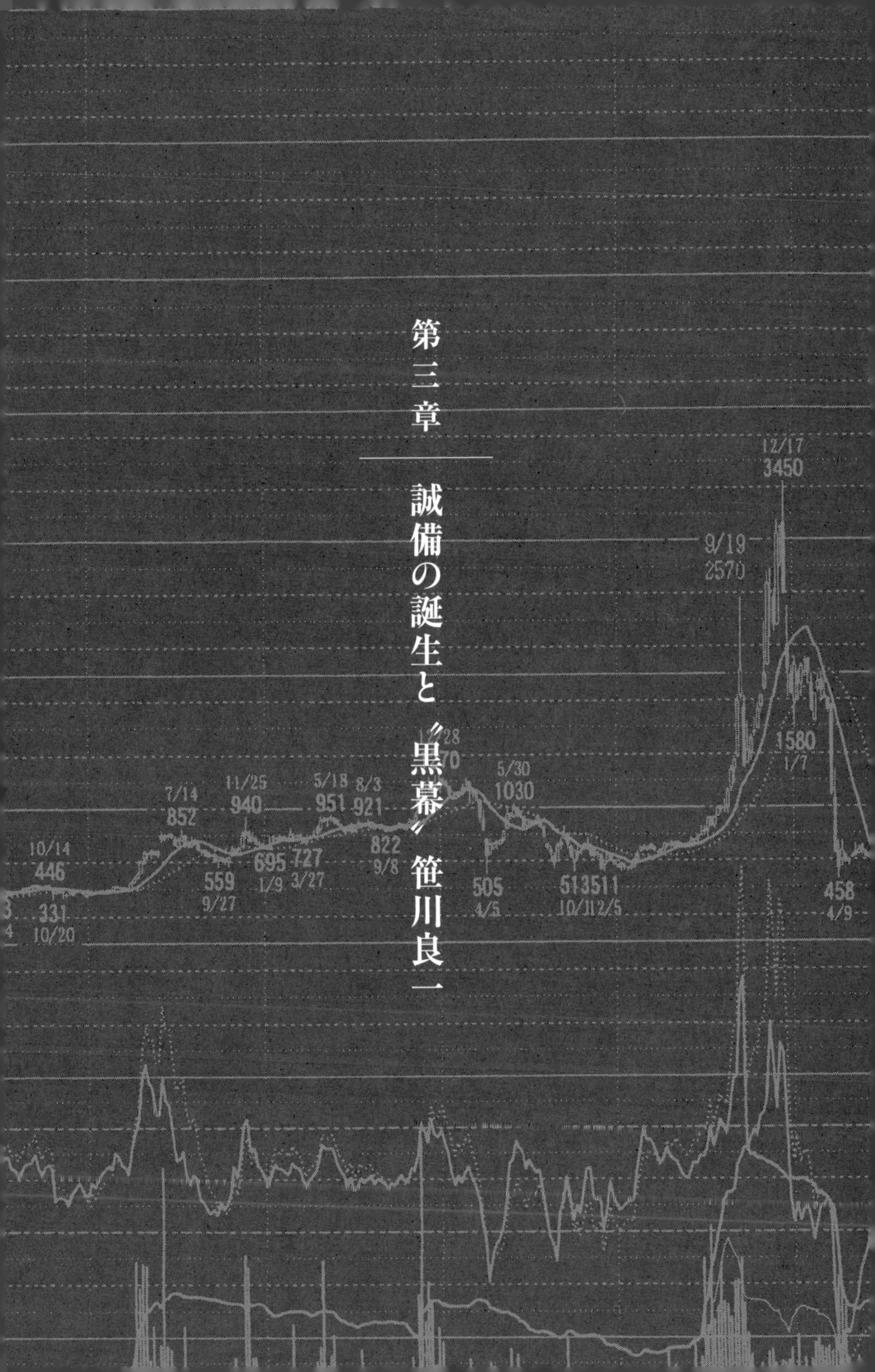

小宮山コンツェルン

平和相互銀行は、平和貯蓄殖産無尽を前身とし、一九五一年（昭和二十六年）に制定された相互銀行法に基づく金融機関として誕生した。当初、ＧＨＱ（連合国軍最高司令官総司令部）や普通銀行は金融秩序の乱れに繋がるとして、戦後の復興期に乱立した庶民金融の「無尽」を金融機関に格上げすることについては反対の姿勢だった。それが議員立法によって押し切られた背景には、無尽業界から多額の政治献金があったとされる。その一翼を担ったのが、平和相銀のオーナーである小宮山英蔵である。小宮山は無尽の時代から大蔵省とも密接な関係を築いており、前年十一月に大蔵省を退官し、のちに首相となる福田赳夫とも当時から近しい関係だったという。平和相銀の初代社長には、元大蔵次官の川越丈雄が就任し、小宮山は社長から副社長に降格する形でスタートを切った。そこには小宮山を頂点とする同族経営の色を薄め、対外的な信用を高めたい狙いがあった。

大正元年生まれの小宮山は、日大付属工業高校の夜間部を卒業後、戦前、戦中に都内で屑鉄商「小宮山商店」を営み、国内だけでなく台湾や朝鮮にも支店を出した。戦後は証券会社「協同証券」（のちに水戸証券に売却）を設立するなどして財を成し、父、常吉を参院議員として国政に送り出した。そして無尽会社を立ち上げて異能ぶりを発揮していく。平和相銀は、駅前店舗を充実させ、平日は夜七時まで、土曜日も午後三時まで営業するなど奇抜な戦略で、首都圏に百を超える店舗と一兆円超の資金量を誇る業界六位の相互銀行に成長を遂げて行った。

小宮山は不動産やゴルフ場、商社など次々と関連会社を作り、資金を流し込んだ。その象徴が環太平洋地域にゴルフ場やレジャー施設を作る目的で設立された太平洋クラブである。一九七三年の設立時には名誉顧問に高松宮夫妻を戴《いただ》き、顧問には岸信介元首相や日本商工会議所会頭の永野重雄が就任。社長は小宮山の実弟、勇が務めた。いわば平和相銀は、小宮山が作り上げたコンツェルンの金融部門と言うべき存在であり、その小宮山コンツェルンにあって、小宮山の脇を固める私的なブレーンとされたのが、外様四天王と呼ばれる実業家だった。それが正和恒産の安積正、日誠総業の次郎丸嘉介、旅友開発の作本宏義、大洋の杉尾栄俊である。

〝最強の経済ヤクザ〟石井進との出会い

一九八〇年、千代田化工建設株の仕手戦で窮地に陥った加藤暠は、安積の協力を得て危機を脱した。そこから二人は関係を深めていく。加藤の妻、幸子が振り返る。

「平和相銀の外様四天王のなかで、一番のお兄さん格が安積さんでした。主人はそれほどお酒が強い方ではなく、『心が通じ合えば、もうお酒を飲む必要はないんだ』と言っていましたが、親しくなるまではとことんまで付き合うタイプでした。そういう時は、家にも帰らず、ホテルに泊まって、そのまま倒れ込むように寝ていたので、着替えを届けに行っていました。安積さんともそうして親しくなり、酒席をともにしていた時に話が盛り上がって、『映画で菅原文太が演じている本人に会いに行こう』と連れて行かれたことがあったそうです。そこで紹介されたのが石井さんでした」

当時公開されていた『やくざ戦争　日本の首領』（一九七七年）で菅原が演じたのは、のちに政財界に深く食い込み〝最強の経済ヤクザ〟と呼ばれることになる横須賀一家総長、石井進。その後、石井は稲川会二代目を襲名するが、加藤とは肝胆相照《かんたんあいて》らす仲となり、仕手戦でも共闘していくことになる。

平和相互銀行の創業者・小宮山英蔵（右）とその実弟・勇

加藤は、安積と緑屋の仕手戦でも手を組んだ。当時、緑屋は月賦百貨店の業界で、丸井に次ぐ二位の規模を誇り、大手商社の丸紅が筆頭株主だった。一九七六年二月にロッキード事件が表面化すると、渦中にあった丸紅が持ち株を放出するとの観測が飛び交うようになり、西武グループが丸紅から緑屋株を取得し、資本提携した。そして西武側が緑屋に社長を送り込むと、株価はさらに上昇を続けた。加藤らは、新手の仕手筋、日本橋信用をカムフラージュに買い方に加わっていたが、最終的には市場外取引で西武側が買い取って決着をみた。売却額は合計約六〇億円に及んだとされるが、その経緯を知る元証券ディーラーによれば、「加藤は住吉連合（現住吉会）のトップだった堀政夫さんに話を持ち込み、仲介者を立てて西武側に買い取りを打診した。加藤にも億単位のカネが入る予定だったが、本人は『三〇〇〇万円しか入らなかった』と悔しがっていた」という。

二つの仕手戦で煮え湯を飲まされた加藤は、以前に増して言動が大胆になっていく。

「これはホンの名刺代わりです」

加藤は、こう言って当時花形だった証券取引所の場立ちの証券ディーラーの前に二〇〇〇万円を積んだこともあった。場立ちは、立会場で手サインを使って売買注文を伝達するが、彼らを取り込むことで場の雰囲気を知ることができ、なおかつ株価を煽《あお》る一助にもなると考えたからだ。当時は場立ちが、仮名で手張りと呼ばれる個人売買をしているケースも珍しくなかった。加藤は常に封筒に一〇〇万円の束を入れて持ち歩き、麻雀の卓を囲んでいるメンバーの一人が結婚すると聞けば、さっと二〇万円を渡すなど、気前よくカネを切っていたという。

人脈も広がり、優良顧客が増えると、一九七六年（昭和五十一年）三月には、銀座一丁目のスポニチ銀座ビル六階に加藤事務所を構え、『日刊投資新聞』の元記者のサポートで「ダイヤル・インベストメント・クラブ」（のちにダイヤル投資クラブに改称）を設立。株式投資を希望する顧客を会員として投資顧問業務も開始した。一証券外務員の枠を超えた活躍ぶりで、一九七六年の加藤の歩合手数料の報酬は八五〇〇万円に達していた。その威勢を見せつけるかのように名刺は特注の二つ折りの大きなものを使った。

生年月日　昭和十八年八月二十四日
出身地　広島県佐伯郡
出身校　早稲田大学第一商学部
趣味　囲碁、空手
生活信条　天下泰平

そこには、実際の生年である昭和十六年ではなく、二年誤魔化した数字が書かれていた。高校時代に結核で休学していたことに加え、その遠因だと思い込んでいた自らの被爆体験の話題を避けたい思いがあったのだろう。被爆者に対する偏見や差別意識を目の当たりにしてきたトラウマは、そう簡単に消えるものではなかった。

「チーゼル機器株」仕手戦の泥沼

加藤にとって大きな転機が訪れたのは、一九七七年に入ってからのことである。この年、二〇〇億円を超える平和相銀の資金が注ぎ込まれたヂーゼル機器株の仕手戦が本格的に幕を開けていく。安積の手引きで、平和相銀の〝外様四天王〟のうち、ゴルフ場やマンションの経営を手掛けていた大洋の杉尾や加藤の早稲田大の同窓でもあった日誠総業の次郎丸も仕手戦に加わった。次郎丸は加藤に〝企画室長〟の肩書の名刺を持たせ、四月に黒川木徳証券本店に日誠総業名義の口座を開設すると、野村證券大宮支店、日興証券横浜駅前支店、大和証券新宿支店など証券会社約十社に系列会社名義などで次々と口座を開き、加藤のアドバイスでヂーゼル機器株や岡本理研ゴム株で株式投資を始めた。小宮山一族も、英蔵の娘婿である小宮山義孝が、五月に五〇万株のヂーゼル機器株を購入し、約一カ月後に売却して約二七〇〇万円の差益を得たことで、幸先のいいスタートを切った。

当時は、英蔵の実弟である小宮山重四郎が、佐藤栄作の秘書から政界入りし、福田内閣で郵政相に初入閣。一時は秘書官に大洋の杉尾が付き、選挙資金集めの意図もあったと囁かれた。

前年までは二〇〇円台から五〇〇円台を行き来していた株価が、七七年五月に八〇〇円台をつけ、八月には一気に二三七〇円に急騰した。だが、そこから売り方との攻防は雲行きが怪しくなっていく。手

石井進・稲川会二代目会長

持ち資金を上回る売買が可能な信用取引は、証券会社から株を借りて売買し、六カ月以内に決済しなければならない。その間、株価が急落すれば追加担保（追い証）が要求されることから、吊り上げた株価を維持する必要がある。平和相銀からの融資額はあっという間に二〇〇億円を超えたが、それでも売り物があれば、さらに拾って行かざるを得ない状況だった。株の買い集めを指揮する司令塔役は、監査役の伊坂重昭が担った。元特捜検事で、現役時代は「カミソリ伊坂」の異名をとったやり手だったが、伊坂の尽力も虚しく、事態は泥沼化の様相を呈し始めていた。

この頃、加藤は別の大物とも知り合っている。政財界の黒幕と言われた日本船舶振興会会長の笹川良一である。二人の出会いについて幸子が明かす。

「主人は、勝負どころだと思えば、お金がなくても後先を考えず、株の買い注文を出してしまう。その時も注文を出したものの、お金の工面が出来ず、四日後の期限が迫るなかで祈ることしかできない状況でした。切羽詰まって頼ったのが、福田赳夫元首相の秘書だった西村恭輔さんです。西村さんは一九七六年十二月の総選挙で熊本から出馬して落選されたばかりでしたが、笹川さんに繋がる人を紹介してくれたのです」

笹川良一という金脈

加藤と笹川を結び付けたのは、日本国政調査会の元事務局長で、大物右翼、豊田一夫の側近だった對馬邦雄《つしま》である。豊田は、戦後の東京で、「銀座警察」と呼ばれた自警団に加わり、銀座や新橋界隈で名を馳《は》せた後、「殉国青年隊」(のちに日本青年連盟に改称)を結成して頭角を現し、行動右翼の隊長として数々の武勇伝を残した。その人脈は多彩で、ボディーガード役を務めた元首相の佐藤栄作を筆頭にした政治家、三井不動産の中興の祖と呼ばれた江戸英雄会長ら大物財界人などの表の人脈に止まらず、住吉会を中心に裏社会にも縦横無尽に張り巡らされていた。なかでも関西電力の初代社長を務めた太田垣士郎から広がった電力人脈は絶大で、一九七五年に豊田が設立した東西警備は、東京電力、関西電力、中部電力、九州電力などのトラブル処理を担ってきた。そうしたなかで、豊田と関西電力との連絡役を担っていたのが對馬だった。對馬は二〇一八年十一月に亡くなっているが、生前、私の取材にこう話していた。

「福田事務所側には『株の決済で、明日までに一億円が要る』という話が来たようで、そういう細かい芸当なら、裏社会に強い男がいるということで私が呼ばれました。ただ、当時の私はまだ三十代そこそこで、昼ご飯代にも事欠くような経済状況でした。加藤さんも私を見るなり、『どうせできっこないだろう』という感じで、頼んできた福田事務所の人たちですら、さほどアテにはしていない様子でした。それならと、私は人を介して笹川会長に話を持ち込みました。笹川会長は『貸す』とは明言せず、『(加藤を)連れてこい』とだけ言いました」

指定された赤坂の料亭に向かい、座敷で笹川と対峙した時、それまで半信半疑だった加藤の表情は、神妙な面持ちに変わっていた。事情を説明した後、對馬はこう切り出した。

「借用書を書きましょうか」

すると、笹川はこう返した。

「借用書を書くということは、私が君たちを信用していないことになる。君たちの顔が借用書だ」

その言葉に心酔した加藤は一億円を三日で返済したが、笹川は加藤に苦言を呈することも忘れなかった。

笹川良一が加藤に贈った笹川自身の肖像写真

「信仰が足りないからこういうことになるんだ。信仰の道に入りなさい」
笹川が言う信仰とは、彼が信奉する香港に本拠を置く道院の慈善団体、世《せ》界《かい》紅卍字会《こうまんじかい》を指す。当時は銀座に日本支部があり、笹川はここを訪れるのが日課だった。そこには奉加帳が置いてあり、笹川は一日に二回訪れ、必ず通し番号と名前を記帳していた。
對馬と加藤は揃って紅卍会の会員となり、對馬には平備、加藤には誠備の道名が授けられた。そこから加藤は笹川との関係を深め、多額の資金を融通して貰うことになるが、笹川は一筋縄でいく相手ではなかった。加藤はのちに「高い金利を払うことになった」と周囲に零《こぼ》していたという。

闇の紳士の貯金箱

だが、その見返りに得た信用は計り知れなかった。二年以上に及んだチーゼル機器株の仕手戦では、抜け駆けして売却益を得た安積に代わり、次郎丸が紅卍会の会員として笹川との関係を深めていった。そして、ある時期から平和相銀の買い方の窓口は次郎丸の日誠総業に集約されていくのである。さらに笹川の登場は、「闇の紳士の貯金箱」と呼ばれた平和相銀を起点に地下茎で結ばれた人脈や金脈が交錯する契機にもなった。当時、平和相銀には警察ＯＢも多数在籍していたが、取締役だった警視庁ＯＢの石村勘三郎は、その起点となる存在だった。のちに、平和相銀と豊田が関わった「神戸の屏風《びょうぶ》地区」の土地を巡る不正融資事件や太平洋クラブが所有する無人島を舞台に二〇億円ものカネが政界にばら撒かれたとされる「馬毛島《まげしま》事件」の人脈を引き寄せる役割を果たした。石村はノンキャリアで、一九七〇年に警視に昇進し、本所署を経て警視庁の警務部付に異動した時に、小宮山英蔵自ら彼の自宅を訪れて口説き落とし、総会屋対策を担う課長待遇で平和相銀に迎えられた。実は、石村は暴力団捜査を担当する捜査四課の警部補だった時代に事件捜査を通じて豊田と知り合っている。二人は親しく交流する仲で、石村が監査役の伊坂に豊田や對馬を紹介している。その繋がりを通じて加藤とも親交を深めていくのだ。

東京・三田の笹川記念館の八階にあった会長室。当時、加藤に連れられ、笹川の元を訪れたライバル社の元証券マンが振り返る。

「笹川さんは、大阪の小学校時代の同級生に川端康成がいて、『やす』『りょうちゃん』と呼び合う仲だったと懐かしそうに話していました。『彼は幼い頃に両親を亡くしたが、頭が良くてお坊ちゃんだった』と。帰り際に、笹川さんが蕎麦屋に電話していたので、カツ丼でもとってくれるのかと思ったら、注文したのはかけ蕎麦で、それを三人で食べました。加藤は『笹川の爺さんが勲章を欲しがってばかりで困る』と零し、それでもあれこれ手を尽くして国内外で勲章がもらえるよう働きかけている様子でした」

後日、彼は、午後三時に場が引けると、加藤に今度は新橋の「第一ホテル」に呼び出されたという。そこに待っていたのは、銀座の電通通りでクラブを経営する男だった。鎌倉高校出身だと語り、タバコも吸わず、酒も飲まない紳士然とした印象だった。ギーゼル機器の仕手戦に嵌《はま》り込んでおり、力を貸して欲しいという。それから頻繁に会うようになったが、ある時、彼の正体を知り、付き合いを止めた。それは、稲川会の石井だった。ギーゼル機器の仕手戦は、加藤の周囲を軒並み巻き込み、当時は過去に例をみないほどの大相場になっていた。事態の収拾に向けて動いたのは笹川だった。笹川側は平和相銀が買い占めた株を引き受け、息子の笹川陽平の名義に書き換えて筆頭株主に躍り出た。そこには陽平を平和相銀の役員に就任させたい笹川の意向があったとされる。

これに対し、東京証券取引所は、ヂーゼル機器株を「特別報告銘柄」の第一号に指定し、発行会社側に市場外で高値で株を買い取らせる〝肩代わり〟を目的とした買い占めの防止策を講じた。会員の証券会社に誰から、どれだけ売買注文を受けたかを報告させ、買い占め側に加担しないよう求めたのだ。そのうえで、一般の投資家にも注意喚起を促した。膠着《こうちゃく》状態が続いた末に、ついに特別報告銘柄の指定が解除され、ヂーゼル機器の株主であるいすゞ自動車や日産自動車など二十五社が笹川グループの保有株を肩代わりする形で決着をみたのは、一九八〇年二月のことである。平和相銀も約七〇億円の焦げ付きを出し、当然無傷では済まなかったが、このヂーゼル機器株の処理を一手に引き受けた伊坂は行内で不動の地位を確立した。それはやがて平和相銀が住友銀行に呑み込まれることになる大きなうねりに繋がっていく。

「政治資金を作って頂きたい」

一方、加藤にとってヂーゼル機器の仕手戦は、マイナスを補って余りある宣伝効果をもたらしていた。

「今度新しく会社を立ち上げるので、役員に入って欲しい」

加藤は、激動の一九七七年が終わりを迎えようとしていた十二月、前出のライバル社の元証券マンを永田町の東京ヒルトンホテルに呼び出し、こう持ち掛けた。すでにスタートしていたダイヤル投資クラブとは別枠の会社で、社名は、世界紅卍会の道名からとった「誠備」だという。当時、証券会社の正社員だった彼が断ると、「じゃぁ、誰にするかな」と呟《つぶや》いて、しばらく考えを巡らせている様子だった。

その翌月、誠備は一九七八年一月二十六日に設立登記を行なっている。代表を含め役員はすべて加藤の顧客で、笹川と近い内外タイムスの遠矢健一や加藤の早大時代の同級生などが名を連ねた。翌年には商号を誠備投資顧問室に変更し、元経済企画庁長官、有田喜一の秘書だった藤原三郎を社長に据えた。藤原は福田赳夫元首相が率いる福田派の秘書会の纏《まと》め役でもあった。のちに兵庫県議会議員になった藤原が、加藤が被告になった民事訴訟の証人として出廷した一九八六年十月二十八日の裁判記録には、平和相銀の小宮山から一九七六年(昭和五十一年)の暮れに加藤を紹介された経緯が克明に残されていた。

加藤側の弁護人は、日本大学法学部の元教授で、黒川木徳証券の顧問弁護士だった並木俊守弁護士。並木は兜町界隈では有名な弁護士で、のちに加藤に不動産やホテルなどで財を成した「地産グループ」の竹井博友を紹介している。だが、並木自身も加藤の相場で巨額損失を被った果てに、弁護士法違反で逮捕され、九一年に弁護士登録と税理士登録を自ら取り消し、三十数社にわたる役職、顧問もすべて辞任した。この時の法廷では、並木の質問に答える形で、藤原は加藤との出会いをこう説明している。以下は、裁判記録からの抜粋である。

〈昭和四十七年の総裁選挙の時から平和相互銀行の小宮山英蔵という会長をよく存じておりました。衆議院議員有田喜一先生が落選した時に、次回の選挙に有田喜一先生が出馬するか、出馬しないということであれば、私が代わって出馬したい。ついては政治資金を応援して頂きたいということで、小宮山英蔵さんの所に依頼にまいりました。その時、小宮山さんは「自分の所は銀行だから政治資金規正法により、七〇〇〇万円が限度である。君だけにそんな沢山渡すわけにはいかない。何かいい方法を考えようじゃないか」と言って下さいました。その後、再び訪ねました時、「兜町に加藤暠という人物がいる。彼に私が話をしておいたから、一度相談してみてはどうか」ということでした。そこで日時を約して加藤さんと会った記憶はあります〉

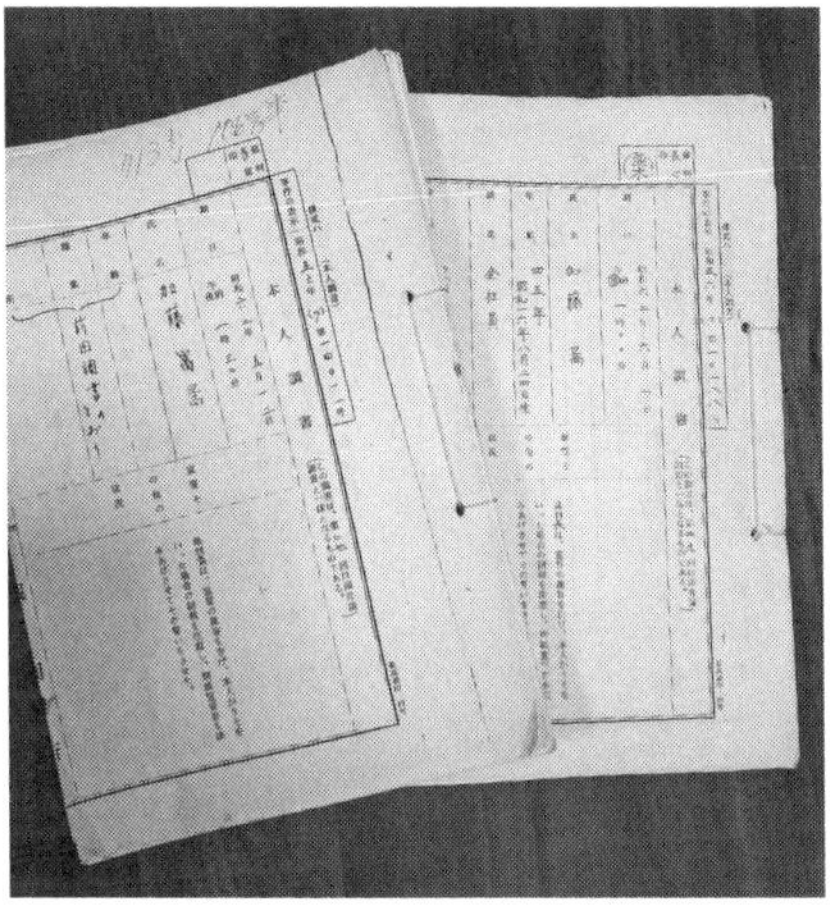
加藤が被告となった民事訴訟の裁判記録

そして、初対面の加藤との生々しいやり取りをこう証言している。

〈最初に加藤さんに申し上げたのは、政治資金を作って頂きたいということでした。加藤さんは「それでは自分がやっているヂーゼル機器という株がある。これを試しに買ってみたらどうか」というようなことを勧められました。私は買いました。そうしましたら、買った時は六〇〇円位だったと思いますが、一、二カ月の間に一一〇〇円から一二〇〇円位に跳ね上がったと記憶しております。それで私は加藤さんという人はたいしたものだ、資金作りには、この方法が一番いいのではないか、というように思いました。加えて、三木内閣の時に政治資金規制法なるものが出来まして、政治資金はいろいろな規制を受けることになりました。そこで独自で金を作っていかなければならないということになってきたわけで、そういうことで加藤さんにお願いしましたところ、またたく間に差額を稼がせて頂き、大変有難いことと感謝をし、これは信頼の出来る人だと痛切に感じました〉

並木から「あなたがそういう体験をした後、他の国会議員の方や候補者の方々にそういう話をして勧めたことはありませんか」と尋ねられると、藤原は、「あります」と答えて、こう続けた。

〈自分だけ一人ぬくぬくとするということは、私の性格上許しませんので、他の政治資金に困っている方々にも話しました。「それだったら一口乗せてくれ」という方々が相当数ありました。それで、そういう方々をまとめて加藤さんにお願いしたことがあります〉

並木が誠備の登記簿謄本を示し、設立の経緯を尋ねると、藤原は「実は私が設立した会社です」と明かし、資本金の一〇〇〇万円も自ら拠出したと説明。風評を気にした政治家たちの依頼で、個人名が表に出ないよう「誠備」という名義口座に一本化する形で株の売買を行なうためだったとその理由を語った。並木が、さらに「そういう形で名前を使わせた政治家は、どれくらいの数がおられますか」と畳み掛けると、藤原はこう答えた。

〈政治家個々の名前は、名誉に関することですので申し上げられませんが、十五名内外ではなかったかと思います〉

藤原は、最初に誠備が設立された時点で、代表に就任しなかった理由を「福田さんはその当時内閣総理大臣でした。内閣総理大臣の秘書が株式会社誠備の社長を兼ねるというのは、やはり世間体をはばからねばなりません」と赤裸々に打ち明け、一九七九年四月に誠備投資顧問室の社長に就いた経緯をこう述べている。

〈この当時、株式会社誠備はだんだん儲かっていき、沢山人

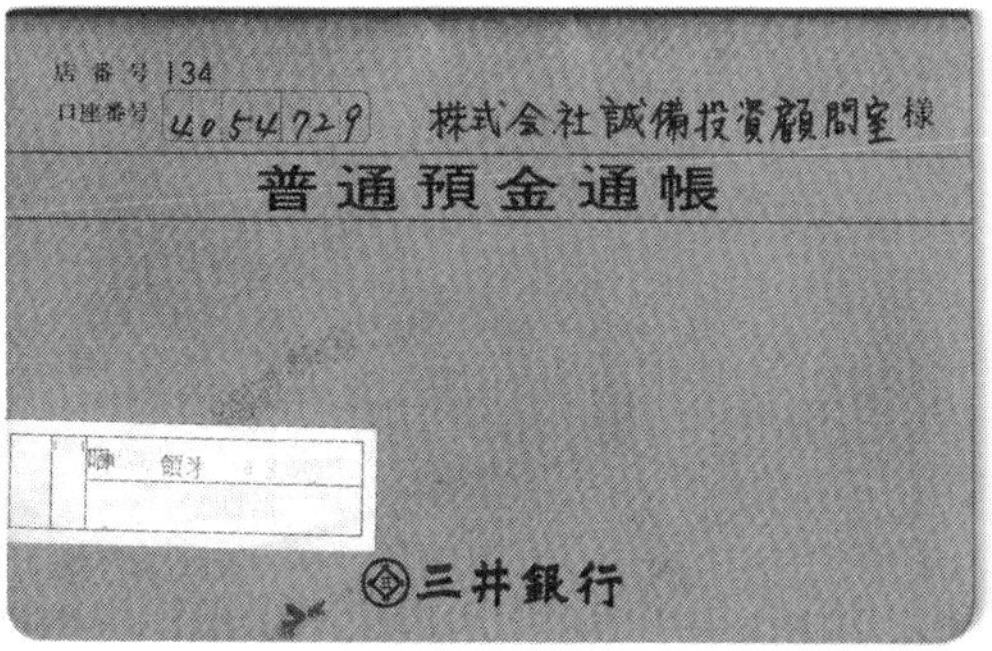

加藤の遺品から見つかった誠備投資顧問室の預金通帳

が集まるようになりました。そうしますと誠備そのものが有名になってきて、匿名の方たちも名前を出さなくてはならなくなってきた。「私も入れてくれ」という方々も沢山増えてきました。そういう関係から、これはまずいことになったと思いまして、誠備投資顧問室ということで一部業務内容を変えまして、政治家の方々はそこから身を引いて頂き、今まで誠備を使って商いをされていた政治家の方々も各個人プレーでやって欲しい。もうこれ以上誠備の名前を使ってやることは危険なことになるからやめて頂く。私も一切やめるというようなことで、誠備投資顧問室ということにしたわけです。そして私自ら社長になったわけです〉

「廿日会」発足で一〇〇〇億円超の資金運用

それは、政治家関係に絞っていた誠備の顧客枠を誠備投資顧問室の設立によって、一般の投資家に解放したことを意味する。加藤はそれ以前からダイヤル投資クラブのほか、茅場町に「日本橋ダラー」を設立し、一般投資家に対して手広く投資顧問業を行なってきた。黒川木徳証券には「誠備」名義の口座のほか、加藤が側近に開設させた「コスモ」名義の口座など、売買注文で使える口座が数多くあり、そこには複数の政治家や官僚、財界人も相乗りしていた。さらに加藤が証券界に張り巡らせた人脈で、黒川木徳以外の証券会社の口座も使い、売買手口を分散させてもいた。藤原が言う「政治家の方々も各個人プレーでやって欲しい」というのは、あくまで建て前であって、むしろ誠備グループという大きな傘の下で、抜け道は無数に広がり、匿名性はますます高まっていった。

加藤の狙いは、個人投資家の力を糾合することだった。当時、証券市場では、四大証券を中心とする幹事証券会社と組み、株価を吊り上げておいて、時価発行増資などを行なって資金調達する会社が増え、その煽りを食った一般の個人投資家は不満を募らせていた。そこで、誠備投資顧問室の名前で証券業界紙に広告を出すなどして会員集めを本格化させ、会費の額によって会員を四つにランク付けした。「誠備速報」という会報を受け取るだけの速報会員は会費が三カ月一万円、その上の普通会員は三カ月五万円、さらに上位の特別会員は三カ月一五万円とし、その中から資金力が豊富で、株式を持ち続けることができ、秘密が守れることを条件にしたミリオン会員が選抜された。

当初、ミリオン会員は一億円を利益目標に、会費は半年で一〇〇万円と設定された秘密会員の位置付けだったが、その後、一九七九年（昭和五十四年）九月二十日の会合で、日付の二十日に因《ちな》み「廿日会」へと改称。加藤と直にやり取りする秘密会員枠を残したままミリオン会員は廿日会に流れ、会費も半年で三〇万円として会員獲得の柱となっていく。総会員数は約四〇〇〇人へと膨れ上がり、うち廿日会の会員は約八〇〇人。彼らが黒川木徳証券などに持つ証券口座の運用を事実上誠備側が行なう形で、誠備グループは一〇〇〇億円を超える資金を運用し始めた。加藤の収入もうなぎ上りで、一九七九年分の所得額は約二億三七〇〇万円で、中央区の所得番付で一位を獲得。人脈とカネを手にした加藤は一躍、時代の寵児《ちょうじ》になった。

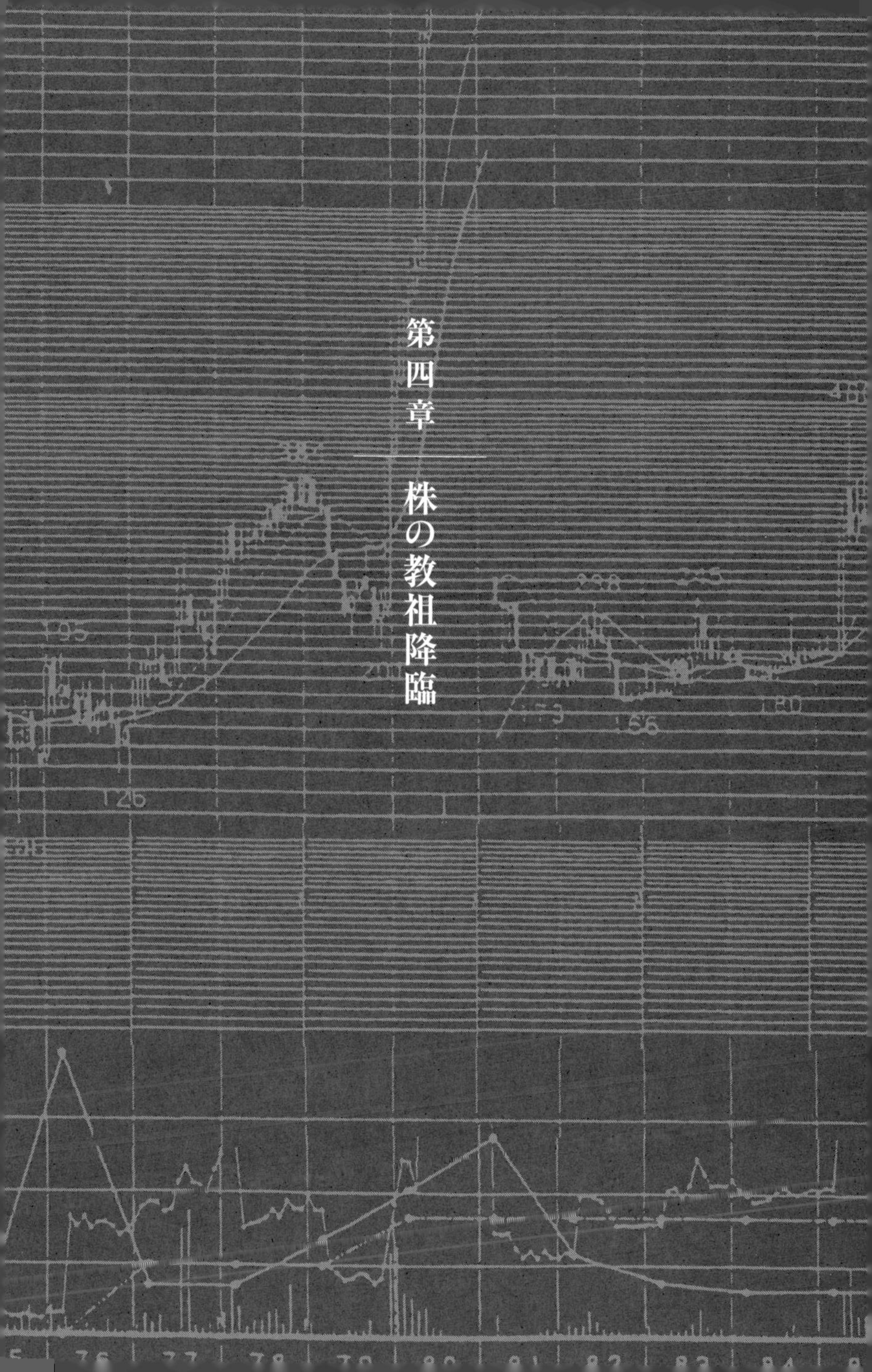

第四章　株の教祖降臨

昭和史の謎「一億円拾得事件」の真相

東京・銀座の昭和通り。仕事帰りのトラック運転手、大貫久男（当時四十二歳）が、ガードレールの支柱の上にあった古びた薄茶色の風呂敷包みを発見したのは一九八〇年（昭和五十五年）四月二十五日の午後六時頃のことだった。風呂敷からは新聞の端がはみ出ていたため、大貫は古新聞の束だと思い、町内会の古紙回収にでも出そうと荷台にそれを放り投げた。

帰宅後、風呂敷包みを置いたまま銭湯に行った大貫が自宅に戻ると、そこには茫然とした妻の姿。包みの中にあったのは一〇〇〇万円の束が十個、合計一億円の現金だった――。

札束は一〇〇万円ごとに日銀の紙封がしてあり、それらを纏め、さらに一〇〇〇万円ずつ十文字に封が巻かれて透明のビニール袋に包まれていた。札束の上には四月二十四日付の『日経新聞』夕刊と『株式新聞』が乗せてあった。大貫は午後七時五十分に一一〇番通報。届け出を受けた警視庁本所署が日銀に持ち込んで鑑定を依頼すると、紙幣は連続番号になっておらず、市中から集まった古い紙幣を日銀が再使用のために束ねて市中銀行に出したものだと判明した。

大貫は一夜にして「時の人」となった。当時年末ジャンボ宝くじの一等賞金は三〇〇〇万円。夢の億万長者を巡るニュースは瞬く間に広がり、大貫の自宅にはマスコミが押し寄せ、脅迫状やいたずら電話が相次いだ。「表に出せない選挙資金」説や「株の仕手戦の資金」説、「麻薬取引の代金」説など様々な憶測が飛び交ったが、落とし主の権利が消滅する半年後の時効期限（現在は三カ月）を迎えても、落とし主が名乗り出ることはなかった。大貫は一億円の小切手を受け取り、税金を差し引いた六六〇〇万円を手にした。二年後に三七〇〇万円で3LDKのマンションを購入したが、残りは老後に備えて生命保険や貯蓄に回す堅実ぶりだった。

「幸せになるか、不幸になるか、僕の人生が終わった時に答えが出る」

遺失物の時効が成立した直後、そう語っていた大貫は、六十二歳となった二〇〇〇年十二月、趣味の釣りに向かう駅のホームで倒れ、帰らぬ人となった。心筋梗塞だった。

「稲川会の石井さんに渡すカネだった」

その後も一億円拾得事件は、昭和史の謎としてたびたび話題になったが、当初から落とし主として本命視されていたのが、投資家グループ「誠備」を率いていた加藤暠である。

約四〇〇〇人の誠備会員を擁し、隆盛を極めていた加藤は当時、黒川木徳証券に歩合外務員として勤めながら、一億円の拾得現場から約二〇〇メートル離れた場所にあるスポニチ銀座ビルに事務所を構えていた。

事件の真相について加藤の妻、幸子に尋ねると、事もなげにこう明かした。

「あれは石井さんに届けるお金だったんです」

石井さんとは、稲川会横須賀一家総長で、のちに稲川会の二代目を襲名する石井隆匡こと石井進である。幸子が、今まで語られることのなかった当日の詳細を語る。

「三億円を預かって株の運用を任されていたのですが、先方の都合で、その株を売却して精算することになったんです。当日は運用利益一億円を付けて四億円を渡すことになっていました。私は自宅にいましたが、受け取りに来たのは、石井さんの東京の内妻、伊藤明子さんや浅草に拠点がある稲川会の関係の方などでした。日中にスポニチビルの前の歩道橋の辺りでクルマに積み込んで持ち帰ったはずが、夕方になって『一億円がない』と大騒ぎになったんです。主人は『誰かが誤魔化しているんじゃないか』と怒っていましたが、石井さんの関係者だけでなく、明子さんまでジーパン姿で必死に探していたという話を聞いて、置き引きだろう、と。そうしたら夜になって落とし物として届け出があったことが分かったのです」

加藤が後に聞かされた事の顚末は、至って単純だった。元金の三億円と利益分の一億円を別々に分けて持ち帰る際、それを運んだ稲川会の関係者が三億円分だけをクルマのトランクに積み、一億円の束を置き忘れてしまった。まさにその一億円は、石井が手にすべき利益で、元金の三億円は石井が借り入れた先に返済するカネだった。荷物を二つに分けたことで、完全に見落としてしまったのだ。それに気付いた稲川会の関係者が五分後に現場に戻った時には、すでに一億円は消えていたという。

「きっとトラックの運転手はカネを運び込むところを見ていたのだろう」

大貫が一億円を発見したとされる場所は、現金の受け渡し場所とは約二〇〇メートル離れていたことから、敢えて違う場所を申告したというのが、加藤側の見立てだった。一億円を包んでいた風呂敷は、黒川木徳証券の同僚が新築祝いに配ったものである。金の運搬に頻繁に使用しているうちに傷みが酷くなり、古い風呂敷だと認識されたようだ。

事情を知った加藤の仲間の証券マンからは、「私が落としたことにして名乗り出ようか」という申し出もあったが、加藤はこれを断っている。名乗り出られない理由が他にもあったからだ。石井の株投資の原資は、実際には加藤の大口顧客でもあった京都の老舗石材会社、久保田家石材商店からの借入金で、その窓口だった久保田家石材の役員、木倉功は当時疑惑の渦中にいた。

ハマコー金脈のヤバいカネ

疑惑の発端は一九八〇年三月六日。戦後最大の疑獄事件と言われたロッキード事件の公判で、小佐野賢治被告がロッキード社から受け取った資金が、ハマコーこと浜田幸一衆院議員のラスベガスのカジノホテルでの約四億六〇〇〇万円の賭博の損失に充てられた経緯が明らかになったことだった。浜田はこの件で四月十日に議員辞職に追い込まれたが、その後も国会では浜田のカネを巡る疑惑追及が続いた。一億円拾得事件の当日も、浜田が関わったとされる千葉県富津《ふっつ》市金谷の通称、砲台山の元国有地を巡る土地転がしの件について共産党の衆院議員、井上敦から質問が出ていた。田中角栄の金脈問題を追っていたジャーナリストの立花隆が、「『九億円の土地が一日で十六億円になった』怪」と『週刊現代』（一九七五年六月十二日号）でレポートした土地取引の問題である。わずか一日の間に、東産業から富洋物産、輝伸興産を経て、一六億円で田中のファミリー企業である新星企業が取得しており、その四カ月後には田中の盟友だった政商、小佐野賢治の日本電建に渡っている。この一連の取引で中継役を務め、約三億五〇〇〇万円の利益を上げた輝伸興産の社長が浜田だった。その後、社長は浜田から木倉に移っており、二人の関係について井上は質問のなかで、こう言及している。

「浜田幸一元代議士とこの木倉功氏との関係、これについては御存じロッキード商戦の夜の舞台となったそのエル・モロッコの社長自身が詳しく供述をされているわけであります。その幸（英二郎）社長の供述調書では、浜倉商事を設立し、エル・モロッコを開店する資金は、自宅を担保に入れて、銀行から融資をうけた以外は、木倉に出して貰いました。浜倉商事の設立当時の資本金も、木倉に出して貰いました。私を含めて株主は、いずれも自分のカネは出していません。木倉が出してくれたお金の内、五〇〇〇万円は浜田先生が木倉に貸してくれたカネであることを後で聞いた記憶があります。云々とあって、木倉が不動産の取引で、浜倉商事に儲けさせてくれると言っていたことがありました。浜倉商事という名前は私がつけたものです。浜田先生と木倉の名前からとったのです。こういうように供述しておられる」

赤坂の高級クラブ「エル・モロッコ」は、ロッキード社の元日本支社長のクラッターやジャパンPR社長の福田太郎、シグ片山などのロッキード事件関係者が通った店として知られていた。
輝伸興産は当時、赤坂にある「エル・モロッコ」の事務所内に拠点を置いていたという。立花隆の『田中角栄研究全記録（上）』（講談社文庫）では、木倉の経歴はこう紹介されている。

〈昭和十八年生まれで、三十二歳。父親は第一肥料という会社を経営していて、藤山愛一郎氏を後援していた。それがきっかけで木倉功氏も政界人との付き合いがはじまったらしい。早大商学部卒業後、エルサルバドルに留学。帰国してから、輝伸興産を設立するまでは、浜田幸一代議士の私設秘書のような仕事をしていたという〉

賭博の損失補填が発覚し議員辞職の記者会見を開いた浜田幸一

木倉の知人によれば、第一肥料は富山県出身の木倉純郎が設立した全国に販売網を持つ大会社で、純郎は富山から衆院選に出馬したこともあるという。
「かつては東京・中野に豪邸があり、藤山愛一郎の有力スポンサーとして〝中野銀行〟の異名をとったほどでした。功は四男にあたり、すぐ上の兄、誠は強豪校の岐阜商でキャッチャーとして活躍し、大学卒業後は第一肥料や叔父が営む木倉音楽事務所で働いたり、不動産業を手掛けていた。誠は馬主としても知られ、スーパークリークのオーナーでもあった」

資産家一家に生まれたとはいえ、木倉功の三十代とは思えない腹の据わった仕事師ぶりは、その特異な交友関係からも窺い知れた。加藤の妻、幸子が明かす。

「木倉さんは稲川会の石井さんとも親しい間柄でしたが、それとは別に山口組三代目の田岡一雄さんの長男、田岡満さんとは、幼なじみのように育ったそうで仲が良かった。そこに旧川崎財閥の川崎雄厚さん（のちの川崎定徳社長）が加わって一つのグループのような感じでした。主人と木倉さんとは、久保田家石材を通じて知り合いました」

名乗り出られなかった本当の理由

明治創業の久保田家石材商店は、二代目の久保田茂太郎が、お墓の形状などを見て吉凶を判断する墓相学をベースに『世にも不思議なお墓の物語』（筆名は久保田茂多呂）を著し、そのタイトルを大々的に謳った広告宣伝で知られていた。のちに「六星占術」で有名な細木数子ともビジネスで繋がりを持つ。加藤夫妻は、たまたま東京支社を訪ねた時、売りに出されていた高尾のお墓を買ったことで縁ができたという。そこから京都在住の久保田茂太郎らは加藤にとって大きなカネを動かす有力顧客となった。加藤は、自らが相場を通じて最も儲けさせたのは、久保田家石材グループだったと言って憚《はばか》らなかった。その久保田家石材に墓石事業や霊園開発のノウハウを学ぶ修行の一環で入社し、役員を務めていたのが木倉だった。一億円拾得事件で世の中が騒然となるなか、木倉は加藤にこう告げた。

「落とし主だと名乗り出て、私の名前が出れば、ハマコーさんの名前も出てしまう。そうなると逆に加藤さんの評判を落としてしまうことになる。だから返して貰わなくていい」

確かにとても名乗り出られる状況ではなかった。だが、宙に浮いた一億円をそのままにしておく訳にもいかず、加藤はその年のうちに三〇〇〇万円、三〇〇〇万円、四〇〇〇万円と三回に分けて木倉に渡し、全額を返済したという。幸子が後日談を明かす。

「石井さんが失くした一億円は、久保田家石材側が補填したはずでした。ただ、私たちの返済金は、実際には久保田家石材側には戻っていなかったようです。どういう事情があったのか。それは私にも分かりません。一億円の件があってから、私も事ある毎に『あれは加藤さんのおカネでしょ？』と聞かれましたが、その度に否定していました。誠備事件で検察側から任意の事情聴取を受けた際にも、検事さんから『あれはどういうことですか？』と尋ねられましたが、『主人は、俺は落とすようなバカなことはしない。そこまで耄碌《もうろく》していないと言っていましたよ』と説明しました」

木倉は、その後も加藤の仕手戦に深く関わり、加藤の晩年まで付き合いを続けた。会うのは決まって旧ホテルオークラにあった「バーハイランダー」だったという。木倉に改めて取材を申し入れたが、「僕の名前はちょいちょい出てくると思いますけど、加藤さんとはそんなに深い付き合いじゃないです。あの人は秘密主義だから、会ってくれないんですよ。お金儲けのことだから、秘密にしなきゃしょうがないんですけどね。僕は（株投資の収支は）トントンくらいかな」と煙《けむ》に巻き、それ以上は何も語ろうとはしなかった。

当時の加藤にとって一億円は人生を左右するほどの大金ではなかった。加藤はすでに一九七七年（昭和五十二年）十二月には「株式受託売買高第一位」として会社から賞状を授与され、トップセールスマンの座を不動のものにしていた。加藤の岡三証券時代の同期だった高谷利彦は、黒川木徳証券に入った当時と比べ、その変貌ぶりに啞然《あぜん》としたという。

「最初は、政治家とも暴力団とも付き合いはありませんでした。ところがある時期から人脈も、金銭感覚もガラリと変わってしまった。証券マンなら一万円のお金だってきっちり管理するものですが、当時の加藤は、運転手付きのベンツに乗って、助手席には一〇〇万円の束が転がっているようなだらしない面が見え始めていました」

一口一〇〇億から四〇〇億円の客しか扱わない

加藤自身も、のちに顧客から提起された民事訴訟に証人として出廷した際、その変化を赤裸々に語っている。以下は、一九八七年六月一日に行なわれた口頭弁論の速記録からの抜粋である。

〈今でも覚えているのは、まだ駆けだしのころ、東洋工業のコスモという車に最初に乗っていたんですが、トランクに現金で幾ら入るかというんで十五億ぴったんこ入りました。それはそのときの受渡しの半分の金額でした。で、それ以降はもっと金額がいっぱいの受渡しも多くなってますので、木徳証券の運転手さんと私どもの運転手さんとで両方二、三台で行くケースが多くなりました〉

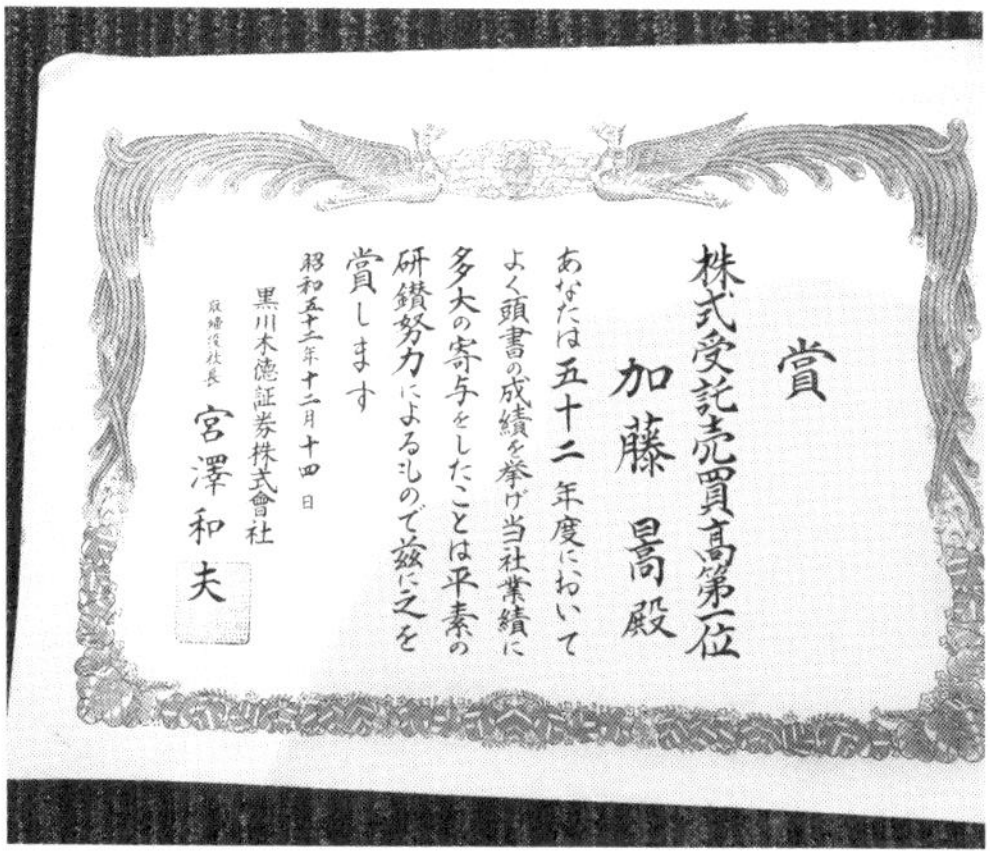
賞
株式受託売買高第一位
加藤暠殿
あなたは五十二年度において
よく頭書の成績を挙げ当社業績に
多大の寄与をしたことは平素の
研鑽努力によるもので茲に之を
賞します
昭和五十二年十二月十四日
黒川木徳証券株式會社
取締役社長　宮澤和夫

黒川木徳証券が加藤に贈った表彰状

加藤は、「最高は、一〇〇億近い数字が一回で動いたかもわかりません」と答え、クルマだけでなく、十数億をジュラルミンケースに入れたり、小切手や裸のまま現金で運んだと語っている。一九七九年になる頃には顧客の質も明らかに変化していたという。

〈非常に忙しくて、お参りも兼ねてましたので、もう億以上でないと受けられませんので、人数は数十人ですけども、金額はもう一口一〇〇億とか一口四〇〇億とかそういう単位でのお客さんしか私は扱ってませんで、金額的には一〇〇〇億は下らなかったと思います〉

加藤側の並木弁護士が、「加藤外務員のところにお願いをいたしまして株の売買をやってもらう方は、資金上一〇〇億から四〇〇億ぐらいのものを持って行く方が当り前だと、こういうことですか」と尋ねると、加藤はこう答えている。

〈ええ。ただ、国会議員の方では後援者の都合でそれだけ集まらない方は中には五億とか八億という方もいらっしゃいましたけれども、大体数十億以上と〉

国会議員とのカネの受渡しは、人目のある議員会館ではなく、個人事務所で行なっていたとして、「先生、この銘柄でいきますよ」「いいよ」という簡単なやり取りで一任されていたとも明かしている。本来、証券外務員は毎朝八時から八時半に出社し、顧客に電話を入れて注文を取り、九時からの前場に備える。昼の休憩を挟んで後場でのやり取りを経て、三時に大引けを迎えると、再び顧客と連絡をとるという段取りで一日の仕事をこなしていく。しかし、加藤の場合は早朝から浅草観音、待乳山聖天、上野の摩利支天徳大寺《まりしてんとくだいじ》にお参りし、時には川崎大師にも足を延ばして、朝十時や遅い時には午後一時に会社に顔を出す。一時間ほどで会社を後にして客との打ち合わせに出掛け、一人につき四十分から一時間の面談で数百億円の商いを進めていった。土日は、誠備会員の結束と敬愛する笹川良一の長寿祈願のためと称して四国八十八カ所の各札所を巡礼。一〇〇万円ずつを寄付して回った。台湾に旅行に行けば、高級ホテルで、誰彼構わず一万円をチップとして渡す。当時現地では高額紙幣の一万円をバラ撒く男として一部で有名になっていたという。

しかし、普段の暮らしぶりは至って質素だった。ＪＲ大塚駅から都電荒川線に沿って春日通り方面に五分も歩けば、レトロ感が漂う「加藤マンション」なる六階建ての賃貸物件がある。一九七七年に新築されたこの建物の五階の２ＤＫの部屋が当時の加藤の自宅だった。建物名に〝加藤〟が冠してあるが、加藤の所有物件ではない。加藤は、「家を持つと守りに入ってしまう」が口癖で、以前から家を買うという発想がなかったと妻の幸子は語る。

お遍路姿の加藤。四国八十八カ所の札所巡りを続けた

「長者番付に出ているのに質素な賃貸の部屋に住んでいるのが当時は格好いいと思っていたんでしょう。ある時、衆議院議員の中川一郎さんの秘書だった鈴木宗男さんが鮭を届けに来て下さったことがありました。名前を見て豪華な持ち物件を想像していたのだと思いますが、ドアを開けると、マンションとは名ばかりのアパートの狭い部屋だったので驚いていました」

一九七八年十二月、加藤には待望の長男、恭が誕生している。加藤は自身の被爆体験が、子供に何らかの影響を及ぼすのではないかという不安を抱え、結婚当初は「子供は作らない」と幸子に宣言していた。その後は信仰を深めたことで気持ちが軟化したが、一度幸子が流産を経験し、「やはり被爆が原因かもしれない」と諦めかけた矢先の朗報だった。

加藤銘柄一色と化した兜町

その後も加藤の勢いは止まらなかった。黒川木徳証券は、一九八〇年（昭和五十五年）四月に加藤のための部署、第三営業部を新設した。窓口に押し掛けてくる顧客は、加藤が手掛ける銘柄を何とか聞き出そうと必死だった。さらに、黒川木徳証券から買い注文が入ると、顧客は加藤の御利益にあずかろうと一斉に群がった。黒川木徳の屋号にちなんだマルキ銘柄には二種類あり、加藤本人が関わっている買いは「ホンマルキ」、加藤を装った偽の買いは「ハナマルキ」と呼ばれ、その一挙手一投足に注目が集まり、兜町はまさに加藤一色の様相を呈していた。仕手筋に顧客を奪われた業界のガリバー、野村證券には顧客奪還に向けた加藤対策のための部署まで設けられたという。

前述の加藤を被告とする民事訴訟に先立って行なわれた別の民事訴訟で、証人出廷した加藤が当時の状況を克明に語っている裁判記録がある。

一九八七年五月十二日の口頭弁論から抜粋する。

37歳にして待望の長男を授かった加藤

〈当時、会社からは、小口の（顧客）がどんどん増えてくることに対しては、遠慮がちに迷惑がっているような雰囲気はありました。要するに一人で一口一〇〇億円とか、そういう大口は歓迎だけれども、五〇〇〇万円、一〇〇〇万円というのが何千人というのは、非常に煩雑なので、その辺はどうも言いにくそうな感じでした。私自身も、大きい所で動けば、もっと大きい注文が取れるので、小さい客を数多くやるよりも、少人数でもまとまった大きな客を取ってもらうほうがありがたいような様子は感じていました〉

加藤側の並木弁護士が、「信用取引の額を各外務員が取合いになることもあると思いますが、あなたに特別待遇してくれたとか、そういうことはありましたか」と質問すると、加藤はこう答えている。

〈特別待遇しようにも、木徳証券全体で、一〇〇億円の枠しかない。そのうち大阪と東京で、五〇億円ずつ使うわけです。その五〇億円も、東京では営業一部と営業二部で分けるわけで、グロスで営業二部に二十五億円です。それを二〇〜三〇人の外務員が分けるわけですから、私の方にある程度優先してくれたとしても、上限五億円ぐらいが精一杯である。五億円というのは、私にとっては非常に少ない信用枠であるわけです。誠備投資顧問室の人からは、もっと信用取引の枠を広げてくれないかという依頼がしょっちゅうありました。しかし、それは物理的に不可能だったわけです〉

黒川木徳証券の手数料収入は、加藤が入った一九七三年にはわずか約八二〇万円に過ぎなかったが、第三営業部を新設した一九八〇年には約二一億円に跳ね上がっていた。もはや加藤の存在は、黒川木徳証券の社運を左右するほどに肥大化していた。加藤は、都内のホテルなどで定期的に誠備の廿日会のセミナーを開催し、講師として登壇した。そこでは、四大証券が一般投資家に推奨銘柄を高値掴みさせ、過大な手数料収入で暴利を貪っていると批判。月に一度は廿日会の会

誠備の会員と伊勢神宮を参拝した際の記念写真

員と伊勢神宮に参拝し、結束力で相場を牽引《けんいん》した。さながら加藤そのものが、新興宗教の教祖のようでもあった。

政治権力、金力、暴力の三本柱

廿日会の会員が一九八〇年三月に東京ヒルトンホテルのセミナーの様子を記したメモがある。それによれば冒頭で、加藤は聴衆にこう語りかけている。

「私、加藤は踏まれても、踏まれても根強い雑草のごとく大衆投資家、特に皆さんのような素人の投資家を守っていきます。今や、天の時、地の利、人の和を得た誠備は、誰もどんな力も引きずり下ろすことの出来ないところまで成長しました。勿論ここに出席されている皆さんは、やがて億万長者になる人たちです」

そして加藤は、誠備グループが「権力、金力、暴力」の三つの力を手中に収めたとブチ上げた。権力とは、すなわち政治力であり、大蔵省や東証も誠備に一目も二目も置くようになったとし、それは自らが自民党各派だけでなく、公明党、社会党の政治家とも深い関係にあるからだと説明した。「玉置和郎参院議員は、特別な誠備の応援者で、どんな公私行事もさしおいて誠備発展のために努力してくれると言っています」と語り、田中角栄、福田赳夫という二人の元首相、渡辺紘三、小泉純一郎、地崎宇三郎、山口敏夫、毛利松平《まつへい》、渡部正郎、稲村利幸、福家俊一らの名前を次々と口にした。

金力については、関西電力の芦原義重会長や新日鉄の斎藤英四郎社長などの名前を挙げ、「日本を揺り動かすような資金を持っている人達と密接に結びついている。廿日会の全部の資金を集めても、私の動かす資金量からみれば取るに足らないようなもので、当てにもしていない。皆さんがお出しになっている資金については絶対迷惑は掛けません。むしろ年最低でも倍以上になります。元本保証で年倍以上になる、こんないい投資が他にありますか」などと煽ってみせた。

最後の暴力に関しては、笹川良一との親密さをアピールしつつ、「この世はカネと権力だけではダメで、この裏の世界の暴力の力も持たなければいけません」と持論を展開し、山口組や稲川会、住吉連合会（当時）、東声会などの組織名を挙げて交渉事における暴力装置の重要性を説いた。熱狂する聴衆を前に、幾分かのリップサービスはあっただろう。ただ、妻の幸子は、決して誇張ではないとして、こう解説してみせた。

「顧客のなかには、のちに首相になる中曽根康弘さんもいました。明治大学の空手部ＯＢで、丸国証券に勤めていた主人の友人から同じ和歌山出身の政治家として紹介されたのが玉置さん。玉

加藤の顧客だった中曽根康弘（左）と誠備グループの支援者だった“参院のドン”玉置和郎

置さんとは私も直接お会いしています。もともと主人は福田赳夫元首相の系統の方々と縁が深いので、福田派の小泉純一郎さんなどは弟さんがよく事務所に来られていました。選挙が始まると、小泉さんやのちに建設大臣を務めた大塚雄司さんの事務所など何カ所かは陣中見舞いに行っていました。出産前は私も主人の仕事をずっと手伝っていて、株券や大金を兜町に届ける運搬役を任されていました。何かトラブルがあった時は助けてもらおうと、稲川会の石井さんの連絡先だけは必ず肌身離さず持っていました。主人は暴力団関係の方との付き合いも深く、故郷・広島の共政会の山田久会長とは、地元で行なわれた主人の友達の結婚式で一緒になって以来、親交がありました」

折しも、総力戦で臨んだ宮地鉄工所の仕手戦では、一九七九年十二月に二一〇円前後だった株価が、八〇年八月には二九五〇円のストップ高を記録。誠備グループは宮地鉄工所の全株式の七〇％以上を買い占めるまでになった。戦後最大と呼ばれた一大仕手戦が山場を迎えようとしていた。

第五章

K銘柄に群がった政治家

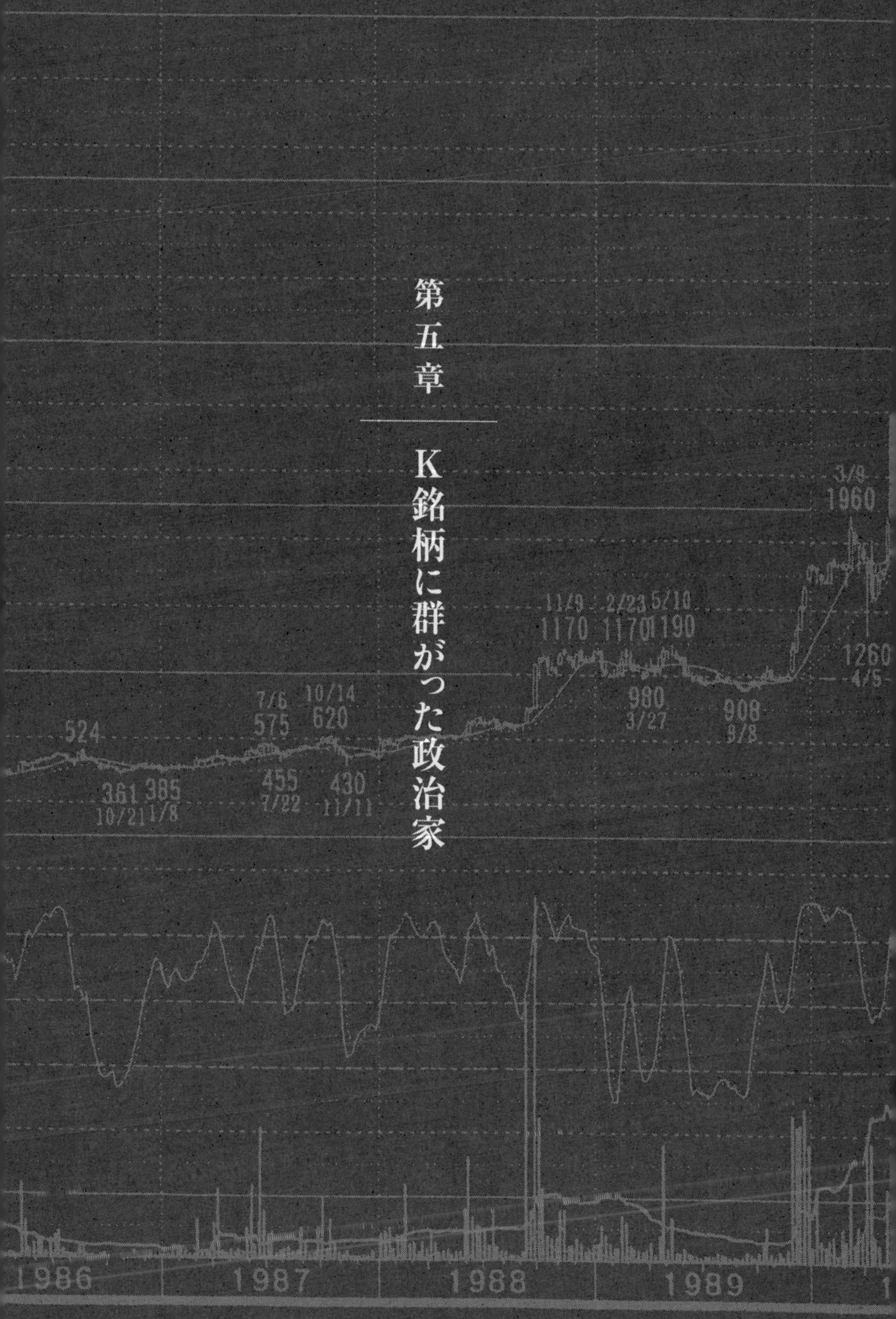

天才的な〝踏み上げ相場〟

『小説兜町』でデビューを飾り、株の世界を知り尽くした経済小説の巨匠、清水一行が一九八三年に発売した『擬制資本』は実在の仕手戦をモデルにした小説である。作品のなかでは仮名となっているが、そこには東証一部上場企業の橋梁メーカー「宮地鉄工所」と株の買い占めを図った加藤暠を擁する誠備投資顧問室との「食うか、食われるか」の熾烈《しれつ》な攻防がスピード感溢《あふ》れる筆致で描かれている。

資本金一五億円、七九年十二月までは株価は二〇〇円台で、決して知名度が高いとは言えなかった宮地鉄工所の株が翌年三月には八〇〇円台に急騰。四月に入ってもたつき始めた株価を見た売り方は、このあたりが天井だと睨《にら》んで一気に空売りを仕掛けた。空売りは、将来の値下がりを見越して行なう信用取引のことで、手元に所有していない株式を証券会社から借りて売り、決済期日までに買い戻して証券会社に返し、その差額で儲ける。通常の株式取引とは逆で、高値で売り、安値で買い戻せば、それだけ儲けが増える仕組みだ。

加藤の仕手戦の方程式は、株価が天井をついたと見せて、売り方を巧に空売りに誘い出し、自らはその銘柄を買い上げ、流通株式を極端に少なくしていき、値幅制限いっぱいに株価を上げて行く。結果として、売り方が高値で信用取引の買い戻しをせざるを得ないように追い込む。売り方はたちまち巨額の借金を背負うことになる。そうして空売りを踏み上げて高値を目指していく、それが、「踏み上げ相場」である。加藤は生涯、近しい人には「俺にしか出来ない、踏み上げ相場がある」と豪語し、それは加藤の代名詞にもなった。

宮地鉄工株では、四月に天井を思わせた株価が、五月に入ると連日のストップ高を繰り返しながら、月末には一八九〇円を記録。その過程で、買い手の中心には誠備グループがいることが明らかになる。

そこに横槍を入れたのが、大蔵省と東証だった。新聞各紙は、五月三十一日付の紙面で、大蔵省と東証が、投機筋によりバクチ場と化した株式市場の混乱を鎮める目的で、翌年一月から仕手株になりやすい資本金三〇億円未満の小型銘柄の信用取引は停止するという方針を一斉に報じた。事実上の宮地鉄工株の買い占め規制だった。その背景には、加藤に目の敵にされ、仕手株人気の煽りを食った四大証券からの突き上げがあったことは想像に難くない。思惑通り、週明けの六月二日からは宮地鉄工株の投げ売りが始まったが、六月半ばには、黒川木徳証券から大量の買いが入り、株価は再び上昇気流に乗っていく。加藤の意地と底力がなせる技だった。八月には二九〇〇円台まで吹き上がったものの、そこから株価は高値で張り付き、仕手戦は完全に膠着《こうちゃく》状態に陥った。

宮地鉄工株仕手戦の天王山

加藤の妻、幸子が振り返る。

「当時は、株券の裏を見れば誰が株を売ったかが分かりました。会社側の役員やメインバンクなどがこっそり保有株を高値で売って儲け、株主総会までに安値で買い戻し、株数を揃えて辻褄を合わせておくケースが多々ありました。宮地鉄工の場合もそうでした。売り物がどんどん出てくるので、片っ端から買い進めると、実は〝乗っ取り〟だと騒いでいる側が売っていた訳です。とところが、役員らが買い戻そうにも株価が下がらず、誤算が生じた。こちら側の資金力を甘くみていたのです」

宮地鉄工所のケースでは、社長の宮地武夫の実弟である副社長が持ち株一四万六〇〇〇株のうち五万株を、監査役も七〇〇〇株のうち一〇〇〇株を売っており、他に宮地姓の株券も計五〇〇〇株ほど売られていたという。誠備グループは宮地鉄工所の全株式の約七〇％以上を買い占めた。

秋口に入り、加藤の依頼を受け、宮地鉄工所の宮地社長の元をたびたび訪れていた人物が複数いる。その一人が、第三章で触れた、平和相銀やヂーゼル機器の仕手戦に繋がる人脈のなかに登場した大物右翼の豊田一夫である。豊田は、三井不動産の江戸会長を通じて宮地社長に面談を求め、誠備グループが集めた株を宮地鉄工所側に引き取らせる交渉の感触を探りつつ、臨時株主総会の開催を要求した。この頃には誠備グループ側は、買戻しから経営に参加する方針に舵を切り、誠備グループが買い付けた約一〇〇〇万株の名義を入内島《いりうちじま》宏なる人物に書き換えていた。

入内島が宮地鉄工株の個人筆頭株主として登場すると、様々な憶測を呼んでいく。入内島は、田中角栄を支え、刎頸《ふんけい》の友と呼ばれた入内島金一《きんいち》の親族だとも囁かれていたが、彼には二〇〇億円超と言われた株の買い付け資金を捻出する資力などなかった。彼は豊田が殉国青年隊から改組した日本青年連盟の旧会員で、豊田宅の敷地内の長屋に住み、定職もなく、肝硬変を患っている人物だった。

兜町全体が固唾《かたず》を呑《の》んで推移を見守るなか、仕手戦の行方は、誠備側の提案で開かれた一九八〇年十一月二十七日の臨時株主総会で一つの天王山を迎

宮地鉄工株を70%以上買い占めた加藤はテレビでも特集され時の人に

える。ここでは誠備グループが推す新たな役員が承認され、会長には元ユニチカ副社長の桜井弘、専務には元警察庁総務課理事官の坂健、そして監査役には元関東信越国税局徴収部長で税理士の大谷多郎が就くことになった。だが、その水面下では、人選を含め、激しい攻防戦があった。

後年、加藤がその一端を鉛筆で書き殴ったメモがある。そこには、一〇〇億円単位の資金を動かす、加藤の大口顧客二人の動向が記されていた。そのメモを元に当時の状況をトレースしてみる。

二人のうち一人は、北海道テレビ放送を始め、札幌トヨペットや金星自動車などの企業グループを率いた岩澤靖《おさむ》である。岩澤は、バブル期に〝環太平洋のリゾート王〟と呼ばれた「イ、アイ、イ」グループの総帥、高橋治則の義父にあたり、政界のタニマチとして知られた人物だった。

岩澤の全盛期を知る元側近が明かす。

「香川県出身の岩澤さんは、明治大学を卒業し、終戦後にリュックサック一つで北海道に渡り、二十九歳で金星自動車を設立。外国車の電気自動車を使ってタクシー事業を始めたことが原点だとされています。私が聞いた話では、岩澤さんの父親は京都大学を出た裁判官で、岩澤家は地元では旧家として知られていた。岩澤さんは戦後、貴重だった塩を安価で手に入れて、貨物列車で四国から北海道に運び、それを現地で売りまくったそうです。そのカネが、事業を立ち上げる原資になったのでしょう。岩澤グループのビジネスは、いずれも許認可事業のため、政治家や官僚とのパイプが欠かせませんでした。政治家が訪ねてくれれば、永田町担当の秘書に命じて金庫から札束を持って来させ、渡すことも頻繁にありました。夜になると赤坂の料亭に政治家を呼び出して、時には赤坂の芸者を総揚げして連日大盤振る舞いしていた。そして、帰り際には決まって車代として一〇〇万円単位のおカネを手渡すのです」

この元側近が岩澤から預かっていた住所録には、福田赳夫や三木武夫、竹下登などの歴代首相や大蔵省出身で経済企画庁長官を務めた越智通雄、元環境庁長官の毛利松平、北海道選出の三枝《さいぐさ》三郎、佐々木秀世、南条徳男、地崎宇三郎といった錚々《そうそう》たる国会議員の自宅の連絡先が手書きで記されていた。さらに元側近が保管していた一九八〇年当時の名刺の束には、大蔵省主計局主計官の保田《やすだ》博や通産省機械情報産業局次長の小長啓一といった、のちに事務次官となる大物官僚のものもあった。元側近が続ける。

「大蔵省の官僚などが使った飲食代の請求書がかなり回って来ていました。岩澤さんはその請求書を秘書に命じて必ず官僚本人の名前で銀行に振り込ませ、足がつかないように手配していました。その官僚の一人に静岡県警本部長や皇宮警察本部長を務めた宮脇磊介《らいすけ》さんがいたことは憶えています」

岩澤は政官界に人脈を広げて行く一方で、株式投資にものめり込んでいく。彼の住所録には、野村證券の瀬川美能留《みのる》や田淵節也の自宅の連絡先を始め、八社の証券会社の担当者の名前が書き込まれていた。そうして、ついに岩澤が辿り着いたのが、当時破竹の勢いだった誠備グループの加藤である。

岩澤は、参院議員の玉置和郎の紹介で、一九七八年の暮れに加藤と知り合い、翌年三月には長女と次女の名前で黒川木徳証券に口座を開設。最初に加藤と組んだ丸善株で、約二カ月半の間に三億円以上の売却益を手にした。これに味を占めた岩澤は、加藤が七九年秋から手掛けた三菱系の中堅機械商社「西華産業」の仕手戦にのめり込んでいった。そして八〇年秋、発行済み株式の四〇％近くを買い占めた岩澤は、西華産業に会長として乗り込むことになるが、その少し前の、ある日のことだった。加藤は、岩澤から呼び出しを受けて、彼の麹町の自宅を訪ねた。レンガ色の十一階建てマンションの最上階。そこは通称、岩澤総本部と呼ばれ、多くの政治家が出入りする場所として知られていた。部屋に通されると、岩澤の傍らにはがっしりした体躯《たいく》の男性が座っていた。

亀井静香に虚を衝かれる

「おい、あんたは俺の後輩だろ」

男は加藤に対し、いきなり居丈高に言葉を投げ掛けた。それは、一九七七年に警察庁を退官し、七九年に衆院議員に初当選した福田派の亀井静香だった。合気道で鍛えた亀井は、見るからに威圧感があり、虚を衝かれた加藤は、激しく動揺した。事前に岩澤からは何の説明もなかったからだ。亀井が岩澤を説得し、初めから不意打ちを狙っていたのだろう。先に触れた岩澤の住所録には、宮脇の名前の下に亀井の自宅の連絡先が記されていた。広島県出身の亀井は、加藤の五歳年上で、加藤と同じく名門、修道高校出身。ただし、加藤は肺結核を患い、高校三年で中退しており、あの忌まわしい三年半の入院生活が一瞬にして蘇《よみがえ》ってきた。加藤のメモには、〈度肝をぬかれて亀井の演技にまけた〉と走り書きが残る。

実は、この時、加藤の頭には、もう一人の大口顧客とのやり取りが、フラッシュバックのように蘇っていた。それが竹下登の有力支援者として知られ、首相就任後には竹下と財界を結ぶ「竹世会」で中心的な存在だった小松製作所の河合良一である。河合は、竹下のファミリー企業「新

亀井静香

樹企画」が主宰した新樹会の会合でも、長く会長を務めていたとされる。加藤は、河合と彼の妹、ふみ子とその夫で、小松製作所の弁理士を務めた米原正章と面談した日のことを鮮明に記憶していた。米原は、修道高校のOBで、加藤の先輩にあたるという話で、河合からは、大和証券に預けてある約一〇〇億円の資金を加藤に運用して欲しいという申し出があった。用件が終わり、河合が立ち去った後、米原夫婦と三人で和やかに雑談を交わ

し、加藤が帰ろうとした、その時だった。

「しかし、加藤さん。卒業者名簿には名前がないんですね」

加藤はその言葉にハッと我に返った。加藤のメモには、その時の場面について、〈頭のいい事を宣伝するためにウソをついているのではないかという事を一方でたしかめる気持ちがあったにちがいない〉と記されている。加藤は、米原夫婦に対し、自分は結核で広島の地御前にあった病院に三年以上入院したこと、そして約三十人の同級生の大半が東大や京大などに合格したが、ただ一人、自分だけは卒業していないことを言い残し、その場を去った。亀井の登場で、改めて加藤はその時の後味の悪さを思い出したのだ。

だが、実際には亀井もまた、修道高校を卒業してはいなかった。一年生の三学期、通学定期券の購入に必要な証明書の発行に学校が手数料の徴収を始めることに反発。「授業料を取っておいて金を払えとは何事だ」と校門でビラを配ったことが問題視され、自主退学の道を選んでいたのだ。当時の加藤は、亀井が修道高校を卒業しているものと思い込んでおり、そんなことは知る由もなかった。亀井はその後、東大在学中だった兄を頼り、上京していくつも転校試験を受けた末に、都立大泉高校に入っている。亀井の兄とは、のちに参院議員となる亀井郁夫である。

「お前の姉さんは、俺の兄貴と同級生らしいな」

亀井は、さらに加藤に追い打ちをかけた。加藤の姉、恭子は確かに亀井郁夫とは広島皆実高校の同級生だった。恭子も東大を目指して受験勉強に励んでいたが、結局念願は叶わなかった。明暗を分けた郁夫を恭子はライバル視していたが、二人はその後も同級生として晩年まで交流があった。亀井は加藤との面談の前にそれを知っていたのだ。兄弟揃って東大出身の亀井が、意図して口にした修道高校と東大というキーワードに兜町では飛ぶ鳥を落とす勢いだった加藤もタジタジとなった。

田中角栄の影

「おう後輩、頑張ろうぜ」

加藤は、亀井の言葉に「はい」と力なく頷《うなず》くしかなかった。亀井は立場の違いを見せつけた後、おもむろに本題を切り出した。

「一つ頼みがある。警察の先輩の坂さんを宮地鉄工の専務にしてくれないか」

坂は警察庁を退官後、参院選全国区に出馬したが、三菱グループとの距離の近さが批判を浴び、予想外の苦戦を強いられて落選、行き場を失っていたのだ。

「玉置先生に相談しないと……」

加藤は、宮地鉄工所側に送り込む役員の人選を参院議員の玉置和郎にも相談していた。玉置は福田派の別働隊と呼ばれた「青嵐会《せいらんかい》」に参加し、七七年には宗教団体と関係の深い自民党議員の集まり「宗教政治研究会」を立ち上げるなど派閥を越えた存在感を示していた。加藤の口から玉置の名前が出たことで、亀井は苛立ち、声を荒らげ始めた。加藤は先輩を立てつつ、必死に思考を巡らせて、最善の解決策を導き出そうとしていた。

「お前、顔を洗って出直して来い」

亀井がそう一喝すると、加藤は一旦冷静になろうとその場を離れて洗面所に向かった。すでに玉置には一億円の支度金を用意して人選を進めて貰っていた。それを反故《ほご》にしても、自分に利はあるのか。選択肢をいくつも想定しながら約五分間考え抜いた末に、加藤は「これはチャンスだ」と意を決して席に戻り、「亀井先輩、顔を洗ってきました」と向き直った。亀井はいきなり先輩と呼ばれ、少し面食らった様子だった。加藤がすぐに玉置に連絡をとって了解を取り付けると、亀井も加藤を「さん」付けで呼び、「よろしく頼みます」と態度を変えた。加藤はこの日の面談を濃密な一時間だったとして、〈忘れられない一日となった〉と綴っている。

亀井は同じく広島出身で、警備会社「関東総合警備保障」など複数の企業を経営する下土井澄雄を紹介したという。下土井は、戦後の芦田均内閣のスポンサーと言われた菅原通済《つうさい》の元秘書で、中央政界に顔が利いただけでなく、笹川良一系列の「宮島ボートレース」の岩田幸雄や三代目共政会会長の山田久とも近く、裏社会にも通じていた。〝夜の広島商工会議所会頭〟――。いつしかそう呼ばれていた。

当時、加藤の事務所が何者かに荒らされる不穏な動きがあり、亀井の「ボディーガードをつけた方がいい」というアドバイスに従い、加藤は、下土井の警備会社から二名の若者を派遣して貰った。そこから事態は思わぬ方向に転がっていく。下土井は、ボディーガードの二人から加藤の情報を具《つぶさ》に聞き出すと同時に、彼らに宮地鉄工所の宮地社長の自宅近くの電柱に上って盗聴器を仕掛けるよう命じたのだという。俄《にわ》かには信じられない話だが、加藤は下土井が、この〝諜報活動〟によって、〈どえらい事を知った。宮地の社長が角栄にＴｅｌしている。誰も出来ないＴｅｌの内容を下土井だけ知り得た〉と記し、妻の幸子にも繰り返し語っている。角栄とはもちろん、田中角栄のことであり、宮地鉄工所側には田中が付いていることが判明したという。しかも、宮地鉄工所の子会社、宮地建設工業を使った裏金が、政界に渡っている疑惑がある。下土井は、加藤の前で警察庁から内閣官房内閣調査室（当時）に出向していたエリート官僚を呼び出し、明らかに相手を見下した物言いで、裏金のネタをちらつかせながら自らの力と人脈を誇示してみせたという。下土井は、宮地鉄工所側と田中の繫がりを示すネタが、仕手戦を揺さぶる絶好の機会だと捉え、前のめりになっていた。だが、絶頂期にあった加藤は〈田中角栄がナンボのもんじゃと思っていた〉と当時の心境をメモに記し、下土井の暴走を他人事のように静観していた。

今回、改めて亀井に、過去の加藤との繫がりや下土井について尋ねたが、「加藤暠か？　微かに記憶はあるが、付き合いはないな。修道高校の後輩はたくさんいるから知らんよ。下土井は兄貴の友達だった」と素っ気なく答えた。

小泉純一郎の頼み事

ちょうどこの頃、加藤は福田派の小泉純一郎からもある提案を受けていた。小泉は、福田派の秘書会の仕切り役で、誠備投資顧問室の社長を務めていた藤原三郎の弟分的な存在だった。大蔵政務次官や自民党の財政部会長などを経験した若き日の小泉は、のちに大蔵委員会委員長も務めるなど銀行業界に一定の影響力を持っていた。加藤のメモによれば、小泉は横須賀の自宅に加藤を招き、自らお茶を入れて、こう切り出したという。

「加藤さん、三菱銀行の山田（春《はじめ》）頭取と伊夫伎《いぶき》（一雄）専務に会って貰えませんか」

三菱銀行は、宮地鉄工所のメインバンクであり、それが仕手戦の収束に向けた調整を意味することは加藤自身も理解していた。三菱銀行が誠備グループの抱えた株の肩代わり先を仲介する可能性もあった。加藤はさほど悩むでもなく、「逢いましょう」と気軽に応じた。ところが、日程が決まり、いざ会うことになると気が重くなり、藤原と誠備グループの幹部に代役を頼んだ。さすがに加藤自身もこの時のことは、あまりにも傲慢だったとメモのなかでも振り返っている。

「なぜあの時、三菱銀行の山田さんと伊夫伎さんに会われなかったのですか。あれが山場でしたね」

加藤の顧客の一人とされた元運輸相の小坂徳三郎は後年、加藤と神奈川県のスリーハンドレッ

小泉純一郎

ドクラブでゴルフを共にした際、そう語っていたという。加藤がメインバンク側からの面会要請に応じなかった話は政界にも一定程度広まっていた。裏を返せば、それだけ加藤の仕手戦に関わっていた政治家が多かったということだろう。当時は、自民党の田中派のなかにも秘書の親族が黒川木徳証券に在籍していた後藤田正晴や四大証券出身の秘書を抱えていた二階堂進もいて、政治家やその周辺にとって株投資による錬金術は必ずしもハードルの高いものではなかった。ちなみに、加藤に大和証券の社長だった土井定包《さだかね》を紹介したのは後藤田だったと言われている。

一九八〇年は、自民党が結党二十五年目を迎えた激動の一年だった。前年に衆院選に敗北した自民党は、前首相の福田赳夫と闇将軍として君臨する田中角栄の後押しで首相になった大平正芳とが、四十日抗争と呼ばれる激しい政争を繰り広げた。分裂寸前という結党以来の危機を迎え、五月には野党から内閣不信任案が提出される。すると、福田派を始め自民党の反主流派が造反し、大量欠席したことで不信任案は可決されてしまう。ハプニング解散と呼ばれた異例の事態に陥り、そこから衆参同日選挙へなだれ込んだのである。

ところが、選挙戦のさなかの六月十二日に大平が急死。弔い合戦の様相を呈したことで、自民党は大勝し、七月十七日には鈴木善幸内閣が誕生した。田中は、一層政権への影響力を強めて行き、十月には腹心の二階堂進を会長に据えて、田中派を木曜クラブに衣替えした。やがて所属議員が一〇〇人を超え、最大最強の派閥となった。そのオーナーである田中が、加藤に秋波を送った場面があったという。

田中角栄からの秋波

ちょうど誠備グループから宮地鉄工所に役員が送り込まれた頃だった。彼ら部外者が内部資料に目を通すことができるようになり、宮地鉄工所側も焦りを感じ始めていたのだろう。伝令役を務めたのは、加藤と同じ早稲田大出身の渡部恒三だった。福島県議を経て、一九六九年の衆院選に無所属で立候補し、初当選。その直後に田中角栄に口説かれて自民党入りし、田中の薫陶を受けた一人である。渡部は「オヤジに言われて来ました」と丁寧に挨拶し、角栄の言葉をそのまま伝えながらこう言った。

「加藤は何も分かっていないんじゃないか。恒三、加藤のところに行って来い。ゴルフ場で二人きりで会おうと言っている、と」

しかし、加藤は「私は、（角栄の政敵である）福田さんと縁があり、福田派と付き合いが多い。

会う訳にはいかない」と断った。それは加藤の人生にとって最大のターニングポイントだった。ここから勝負の潮目は明らかに加藤不利に傾いていく。

長期に及んだ仕手戦で、手元資金が苦しくなってきた誠備グループ側は十二月下旬、保有する丸善の株式三三〇万株を金融クロスに振り、その担保に宮地鉄工株を当てた。金融クロスとは、手持ちの株式を現物で売ると同時に、同数を信用取引で買い戻し、受取代金と信用取引に要する資金との差額を資金繰りに回す手法である。信用取引で株を買う場合、代金の三割を保証金として積むと、あとは六カ月後に決済となるため、その間、差額の七割が手元に残る仕組みだった。

加藤は福田赳夫の清和会と深い関係にあった

丸善株は要注意銘柄として厳しい規制下にあったが、十二月四日に突如規制が緩められ、五割の保証金で信用取引が可能になっていた。中小の証券会社二十二社が引き受け、誠備グループは計約五〇億円の資金調達に成功したが、これで一気に誠備の台所事情の苦しさが露呈する結果になった。丸善株の規制緩和の措置は、加藤を誘い込む〝罠《わな》〟だったのではないかと指摘する声すらあった。それでも強気の姿勢を崩さなかった加藤は、十二月二十二日にホテルオークラの「平安の間」で「誠備廿日会忘年パーティー」と銘打ち、約六百人の出席者を集めた忘年会を開催した。

ホテルオークラで開かれた「廿日会」の忘年パーティー

「われわれ弱き大衆投資家は、これまでいつも貧乏クジを引かされ、敗者の道を歩んできた。勝者への架け橋、それが宮地鉄工です。宮地鉄工は野に咲く花。これを逞しく大輪の花に咲かせなければならない」

加藤は、壇上からそう高らかに声をあげた。その時の様子を、妻の幸子が振り返る。

「漫才ブームの渦中にあったツービートや都はるみさん、高田みづえさん、西川峰子さん、舟木一夫さんなどの芸能人の方々も駆け付けて下さいました。当時主人は、プロ野球の金田正一さんと非常に親しかったので、その繋がりで来て頂いた方もいて、大盛況でした。最後は主人がファンだった島倉千代子さんを招いて、代表曲の『からたち日記』をデュエット。顔なじみのホテルのスタッフは『オークラ始まって以来の大規模イベントでした』と感想を漏らしていました」

誠備銘柄潰しの包囲網……そして逮捕

しかし、その威勢とは裏腹に、買い占めた大量の株を抱えたまま売り先も見つけられず、加藤はがんじがらめの状態に陥っていた。金融クロスで得た資金で戦線を拡大し、安藤建設、石井鉄工所などの株価を上げていったが、翌八一年一月二十日に東証が谷村裕理事長名で、〝誠備潰し〟ともとれる通達を出し、さらに窮地に追い込まれていった。「株価が会社の実態とかけはなれている株式の信用取引には担保を十分とるように」と注意喚起を呼びかける趣旨の通達で、これを拡大解釈した四大証券と準大手八社は、宮地鉄工所、安藤建設、西華産業、丸善、新電元工業、石井鉄工所、塚本商事の七銘柄については、客に信用取引をさせず、また現金代用の担保としても引き取らないことを申し合わせた。

七銘柄のうち塚本商事を除く六銘柄は、まさに誠備銘柄だった。さらに中小証券社長会は、七銘柄にラサ工業と日立精機を加えた銘柄を信用取引の対象外にすることを決定。この二銘柄もまた、誠備銘柄に他ならなかった。もはや誠備グループは所有株式を担保に新しい投機にも手を出すことができず、追加の資金調達をしなければ、所有株式を買い増すこともできない状態だった。東証、大蔵省、四大証券……。気付けば、周りは敵だらけだった。

二月に入ると、加藤の元には東証の理事長の谷村裕、野村證券会長の瀬川美能留、東京国税局長の宮下鉄巳、そして読売新聞の記者が赤坂の料亭「つる中」で誠備潰しの謀議を行なったとの情報がもたらされた。しかし、頼みの綱だった笹川良一も動く気配はなく、成す術はなかった。東証の谷村は元大蔵事務次官で、第三章で取り上げた加藤のヂーゼル機器株の仕手戦の際、肩代わりを目的とした買い占め防止策としてヂーゼル機器を「特別報告銘柄」の第一号に指定した張本人だった。そして谷村の子飼いで、当時大蔵省の大臣官房審議官（証券局担当）として根回しをしたのが宮下である。特別報告銘柄は一九九〇年に廃止されるが、十二年間で、指定された銘柄はヂーゼル機器のみ。いわば加藤を標的にした制度だったと言っても過言ではない。

加藤は誠備のセミナーで、この宮下について、「アロエを食べるのが好きで、どの行きつけの料亭でも酒にアロエを添えて出すので、渾名《あだな》はアロエさん」などと冗談を言い、本来は証券局長を経て、東証の理事長まで続く出世コースを歩むところ、東京国税局長に異動させたのは、自分の政治力だったと語っていた。敵視していた谷村と宮下の名前が揃って出たことで、加藤の心中は穏やかではなかっただろう。

規制当局による一斉攻撃に対し、誠備グループ側も必死の抵抗をみせ、二月初めには一部の銘柄に復調の兆しはみられたが、それも残燭《ざんしょく》の一閃《いっせん》に過ぎなかった。二月十六日、加藤は東京ヒルトンホテルの一室で、「つる中」の謀議の証拠写真と思しきものを知人と見ていたところに、東京地検特捜部の係官が現れ、所得税法違反（脱税）で逮捕された。その翌日から、兜町は誠備銘柄が軒並み暴落し、投げ売りのパニック状態に陥った。

ロッキード事件を超えていた誠備事件

逮捕から十日が過ぎ、〝誠備ショック〟の断末魔の叫びが響き渡るなか、加藤の妻、幸子に一通の手紙が届いた。

〈この程ふってわいた加藤様の事件、誠に微力でご期待にそいかねている点を心苦しく思っております。

それにもかかわらずこの度は誠に結構な果物をお送りいただき一昨日落手しいただきました。ご芳情のほど厚くお礼申し上げます。この上とも事件の成行きについては万全の注意をはらって参りたいと思います〉（一九八〇年二月二十六日付）

差出人は竹内寿平。七〇年から三年間検事総長を務め、のちにプロ野球のコミッショナーとなる大物ヤメ検弁護士である。総長時代は、検察内の派閥争いの一掃に力を尽くしたとされ、退官後の大平内閣発足時には、民間人起用の法相候補として名前が挙がったこともあった。そこには田中角栄の意向が働いていたと言われており、その繋がりを裏付けるかのように、一時竹内は小佐野賢治が経営する国際興業の顧問弁護士に名を連ねていた。竹内自身は直接加藤の弁護を担当できない代わりに、後輩の元札幌高検検事長の蒲原《かんばら》大輔らに弁護を委ねたが、その後も加藤側の良き相談相手だった。交流は竹内が亡くなる八九年まで続き、幸子は竹内の葬儀にも参列してい

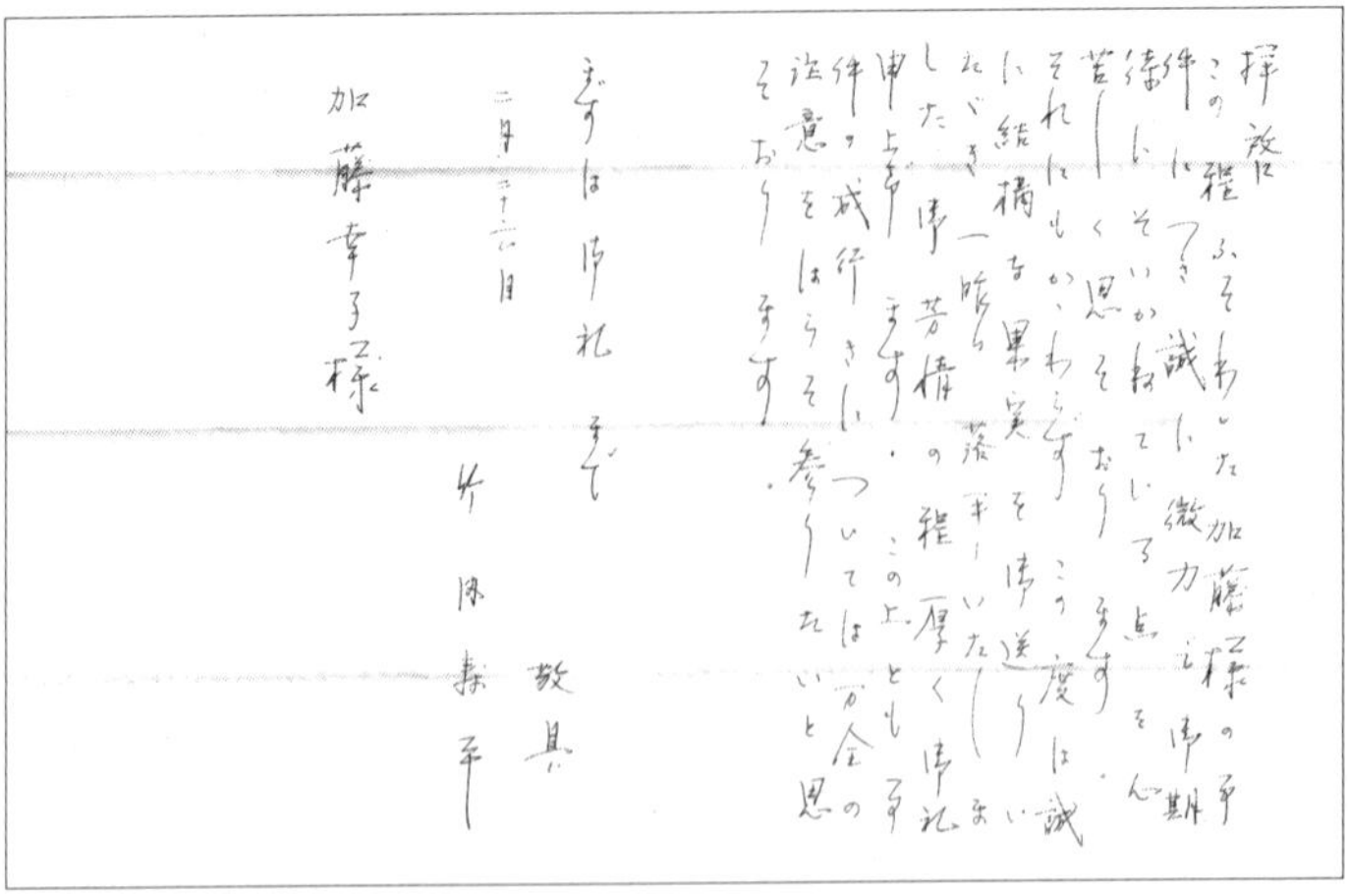
拝啓
この程ふとおこった加藤様の事件につき誠に微力で御期待にそいかねていて点を心苦しく思っております。
それにもかかわらずこの度は誠に結構な果実を御送りいただき一昨日落手いたしました。御芳情の程厚く御礼申上げます。この上とも本件の成行きについては万全の注意をはらって参りたいと思っております。
まずは御礼まで
敬具
二月二十六日
竹内寿平
加藤幸子様

元検事総長・竹内寿平が加藤の逮捕後、妻・幸子に宛てた手紙

る。幸子が振り返る。

「最初にお会いしたのは主人が逮捕された直後だったと思います。私も検察から任意の事情聴取を受けることになり、その相談に銀座の事務所に伺いました。乳飲み子を抱えて行くと、美味しい御蕎麦をご馳走して下さって、『何か嫌なことを言われたら私の名前を出して助言を貰っていると言って構わないから』と仰って下さいました。とても優しい方で、珈琲を一緒に飲んでいる時に砂糖をたくさん入れて飲まれていた姿が印象的でした」

竹内への橋渡しを担ったのは、歴代首相の相談役と言われた陽明学者、安岡正篤と彼の弟子で、のちに環境庁長官となった衆議院議員の林大幹である。彼らとの連絡役は、加藤に笹川を繋いだキーマン、對馬邦雄だった。對馬は右翼の豊田一夫を通じて林に話を持ち込んだだけでなく、加藤逮捕後の後処理を引き受けた。東京拘置所に収容された加藤の接見

禁止が解けると、對馬は林を伴って面会に訪れた。

「外のことは全部やってある」

對馬が面会の際にそう話したという情報が伝わると、特捜部内は色めき立った。特捜部は加藤逮捕に先立つ二月九日、誠備の社員と有力会員を所得税法違反容疑で逮捕し、強制捜査に乗り出していた。そこを突破口に加藤の脱税幇助《ほうじょ》、さらに加藤自身の約二三億円の脱税に切り込むつもりだった。だが、その時すでに、政治家や財界人を始めとする誠備の秘密会員の顧客台帳などの重要書類は、運び出された後だった。正確に言えば、検察側は黒川木徳証券の目と鼻の先にある日本橋の千代田会館内に置かれた、もう一つの加藤事務所の存在に気付いておらず、完全に見落としていたのだ。強制捜査の翌日、この事務所では、書類を箱詰めする作業が行なわれ、人目に付かないように段ボールが運び出されていた。二トン車に積まれた段ボールは、女性従業員の自宅などに運び込まれていたという。幸子が振り返る。

「誠備の関係者が、トラックで運んだ荷物とは別に、重要書類が入ったトランクを持ち出していて、預かってくれる先を探していました。ただ、私は身動きがとれない状態で、自宅には誠備と関わりがあった政治家の方などからも次々と電話がありました。のちに別の脱税事件で逮捕された衆院議員の稲村利幸先生からは『僕の名前は出さないでね』と言われ、余計なことを喋《しゃべ》ったら大変なことになると怖くなりました。当時は、誠備事件の全てが明らかになるとロッキード事件以上の疑獄事件になると言われていましたし、周囲からも、『もう電話にも出なくていいし、外にも出ないで欲しい』と釘を刺されていました」

妻と子の逃亡劇

書類入りのトランクは、幸子から對馬に預けられた。對馬は、新宿にいる手配師の女性に渡したが、そこから先はどこに行ったのか、幸子も分からなかったという。對馬は、その手配師の女性を、いつも鼻毛が出ているからと、「新宿の鼻毛のオバサン」という独特の符牒《ふちょう》で呼び、詳しいことは語ろうとしなかった。情報管理は徹底され、加藤を守るネットワークは幾重にも張り巡らされていた。幸子は自宅に籠《こ》もり、ジッと待っている不安を紛らわせるように、保釈を求める嘆願書の下書きを始めた。二枚の便箋に走り書きした文章が残されており、そこには加藤が急性腸炎や喘息《ぜんそく》、肝機能障害によって前年の夏から不調を訴えていたこと、さらに誠備の会員から電話が昼夜を問わずひっきりなしにかかり、〈株価を下げない為にも早く釈放を〉と悲痛な声に心を痛めている様子が綴られていた。日付は三月九日となっているが、これが実際に提出されたかは定かではない。実はこの直後、幸子は二歳の息子・恭や加藤の女性秘書二人とともに忽然《こつぜん》と姿を消したのだ。焦った特捜部は書類管理の責任者だった秘書の一人、金沢千賀子の逮捕状を執り、行方を追った。ここから二年以上に及ぶ逃亡劇が幕を開けていく。幸子がその経緯を明かす。

「最初の三カ月は、福田元首相の関係先の事務所があったホテルオークラの別フロアの角部屋で過ごしていました。長男の恭にはオークラのコンソメスープを離乳食代わりにあげていたので、今でも恭にはそれが思い出の味になっているんです。ただ、周囲の様子を窺いながら部屋の中にじっとしていても気が滅入るからと、(金沢)千賀ちゃんは林先生の議員事務所にお手伝いに行っていました。安岡先生の意向を受けた林先生が、目の前で当時官房長官だった宮澤喜一さんに電話していたと聞き、援軍もいると心強く感じていました」

検察側も、まさか目と鼻の先に逃亡犯が潜んでいるとは思わなかっただろう。しかも、逃亡の背中を押したのは、竹内が對馬に発した「隠れておきなさい」という何気ない一言だったという。

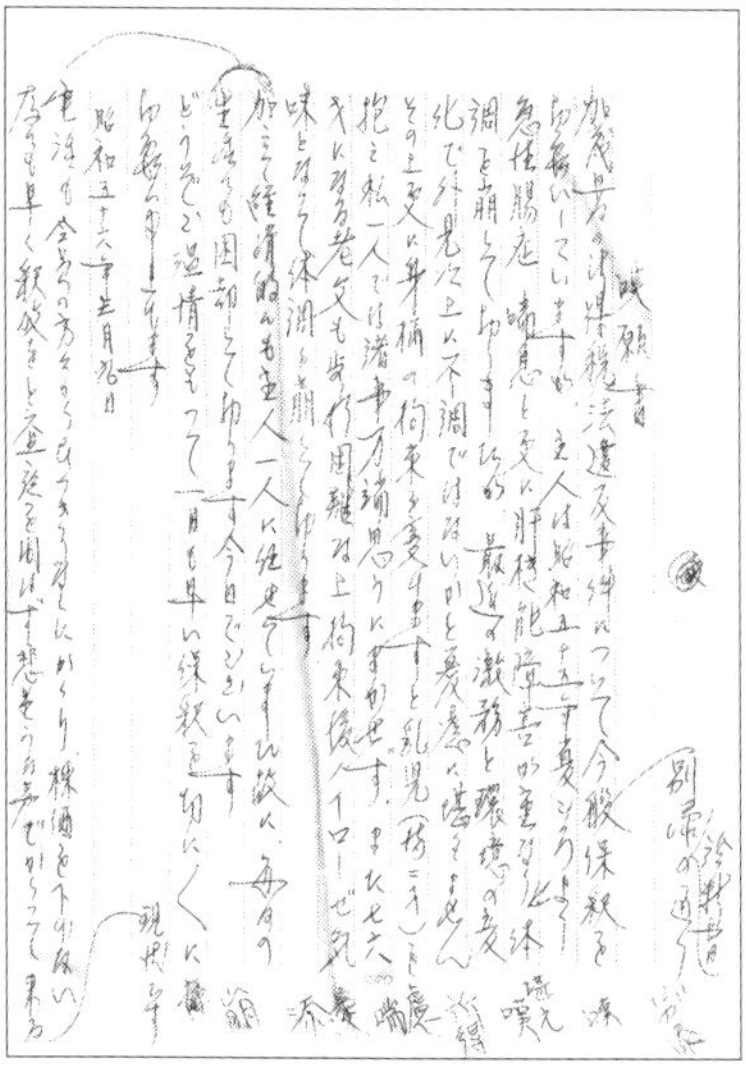

幸子が書いた嘆願書の下書き

その後、幸子らは全国を転々としながら、對馬ら支援者が手配した家で素性を隠して過ごした。幸子が続ける。

「石垣島には長くいました。親戚も頼れず、秘書の二人は身内に電話する時も『北海道にいる』と嘘をついて、居場所を絶対に口にしませんでした。一度、沖縄本島まで足を延ばしたら、宿泊先のホテルムーンビーチ(当時)で偶然検察官の講習会が行なわれていた時は肝を冷やしました。足跡が辿られてしまうので、保険証も使えず、恭が病気になったり、事故に遭ったりしないよう常に気を張っていました。逃亡中に雑誌では千賀ちゃんが『加藤の愛人だ』と騒がれていましたが、記事を見て彼女は『私、愛人なんだって』と笑っていました」

マスコミは当時三十八歳の金沢が、加藤の金庫番で、〝陰の女王〟と呼ばれていたと写真入りで書き立てた。しかし、その素顔は、女王には程遠く、至って穏やかだった。二〇二〇年十一月、妹と都内で取材に応じた金沢は、緑色のカーディガンを羽織り、上品な印象で、微笑みながら約四十年前の出来事を振り返った。

「長い逃亡生活でした。もともと私と妹は、化粧品会社のレブロンで社員教育などをしていた幸子さんの生徒だったんです。その縁で、銀座にあった加藤さんの事務所で働くようになりましたが、最初はお客様が来て仕事の話になると、『ちょっとお茶でも飲んで来て』と言われ、席を外していました」

金沢は次第に誠備の関係書類を整理して報告書に纏め、幸子の自宅に毎日届ける仕事を任されるようになった。

「加藤さんが逮捕された後、妹のところにも早朝に地検の係官が来て、『お姉さんの行方を知りませんか』と言われたそうです。間一髪でした。その後は、九州が長かったですが、鎌倉や静岡県にもいました。恭君と一緒に海岸で遊んだりした思い出があります。用意された部屋はどこも家財道具が揃っていて、着るものはその都度現地で買っていました。逮捕状が出たことは後で知りましたが、私を捕まえても何にも知らなかったんですけどね」

滞在先には支援者がおもちゃを持って訪ねて来たり、林大幹の女性秘書が遊びに来ることもあったという。

顧客の名前は絶対明かさない

一方、加藤の逮捕で、株式市場には阿鼻叫喚の惨状が広がっていた。宮地鉄工所の株価は二九五〇円から一七三円に、丸善が二一〇〇円から三〇〇円、西華産業が一五三〇円から二一五円に急落するなど、目も当てられない有様だった。さらに資本金一億円の大阪証券信用は、誠備グループに約四八〇億円を貸し込んだ末に、負債総額七三〇億円を抱えて倒産。加藤と組んで西華産業株や共和電業株を買い占めた岩澤靖は、グループ企業への融資の形で借り捲《まく》った四五〇億円超ものカネが、すべて仕手戦に注ぎ込まれていた実態が明らかになった。中核企業の「札幌トヨペット」は会社更生法の適用を申請し、事実上の倒産に追い込まれ、他のグループ企業も莫大な借金を背負わされた。政治力を駆使して、ようやく手に入れた電電公社の経営委員も辞任し、すべてを失った岩澤は、行方をくらました。

誠備銘柄を取り扱っていた中小証券も軒並み被害を受け、その数は丸国証券や一成証券など三十社にのぼっていた。そして誠備グループの会員もまた、大半が投下資金を失い、損害を被った。

「政治家であろうと誰であろうと、株の売買は自由。なぜ問題視されるのか分からない」

八〇年秋、誠備グループが宮地鉄工所側に臨時株主総会の開催を要求した際に三万株の株主として株主名簿に名前があった玉置和郎は、そう言い放って注目を集めたが、加藤の逮捕で、誠備グループと政界との繋がりを巡る報道も再び過熱し始めた。妻名義で株主になっていた稲村利幸、実弟が株主だった小泉純一郎に止まらず、誠備グループに関わっていた政治家は自民党から野党に至るまで六十人以上いるとみられていた。だが、加藤の脱税事件の公判は、実態解明には程遠い展開を見せた。

検察は黒川木徳証券などに開設された仮名の三二の株式取引口座に着目。これが実際には加藤自身が株を売買する〝手張り口座〟であり、その所得は加藤に帰属すると主張していた。一方の弁護側は、この三二口座は誠備の秘密会員である政治家や高級官僚などの仮名口座であり、加藤は株の運用を一任されていたに過ぎないと真っ向から反論した。焦点はその口座の真の顧客が誰であるかに絞られていた。

だが、肝心の加藤が顧客の名前を頑なに明かそうとせず、公判でも「そのために自分の無実が立証できず、有罪になっても仕方がない」などと陳述し、代理人弁護士との関係にも微妙な空気が漂い始めていた。橋渡し役を務めていた對馬が、当時の状況をこう述懐した。

「加藤さんが、接見担当で連絡役だったヤメ検弁護士のことを『彼は俺の話のポイントが理解できていない。数字を覚えないし、記憶力が悪い』と言うので、その旨を元検事総長の竹内さんにも伝えました。竹内さんは、『勝てるんだから安心しなさい。勝負はついているんだ。加藤君も拘禁病にかかっているな』と余裕の構えでしたが、結局は弁護団を解任することになった」

逃亡劇最大の危機

八三年に入り弁護団が替わり、加藤逮捕から二年が経とうとしていた二月一日。加藤母子と金沢の逃亡劇は最大のピンチを迎える。それは映画さながらの緊迫の駆け引きだった。

当時、彼女らは九州を離れ、関東近郊に舞い戻っていた。箱根でしばらく過ごした後に對馬が用意したのは、熱海駅から徒歩約五分のひと際目立つ白いリゾートマンションの一室だった。市街地と海を眼下に収める高台に立ち、源泉掛け流し温泉を備えた人気物件。しかも、何かあればすぐに動ける一〇三号室の部屋である。

その日の昼間、東京から「對馬が検察に呼ばれたようだ」との情報が入った。この時、一緒に逃亡を続けていた女性秘書の金沢は既に熱海を離れていた。

「どうしましょうか」

幸子は對馬の部下に指示を仰いだ。

「對馬が戻るまで待っていて下さい」

電話を切った瞬間、胸騒ぎを覚えた幸子は、すぐに息子用にいつも持ち歩いていた本や身の回りの所持品を纏め、タクシーを呼んだ。そして、タクシーから足がつくことを想定し、行先は熱海駅の先の「來宮神社《きのみや》」と告げて、一旦そこで下車。近くの飲食店で食事を済ませた後、別のタクシーに乗り換えて、街中を避け、山間部へと向かった。そこにはチーゼル機器の仕手戦に関わっていた平和相銀の外様四天王の一人、日誠総業の次郎丸嘉介が開発したゴルフ場併設の別荘地「南箱根ダイヤランド」があった。熱海に移る前、ダイヤランドに隣接する施設の一室を利用した幸子は、家の鍵をそのまま持っていたのだ。

その頃、特捜部内は一本のタレコミ電話に沸いていた。

「加藤の奥さんや女性秘書は、對馬が用意した熱海のマンションにいる」

電話の主は男性で、名前は名乗らず、加藤の親戚だと告げた。部屋の契約書などを入手した特捜部は、エース級の検事、中井憲治（のちの東京地検特捜部長）らを現地に派遣した。そして夕方、中井らは熱海に到着すると、逸る気持ちを抑えながらマンションの部屋に踏み込んだ。だが、そこは蛻《もぬけ》の殻だった。炊飯器には炊き上がったまま放置されたご飯、流しには使いかけの食器があり、生乾きの洗濯物もそのまま残されていた。

「まだ座布団が温かかった」

その日夜遅く、うなだれて東京に戻ってきた中井は、検察上層部にそう報告していたという。検察内部に重苦しい空気が漂い始めていた。

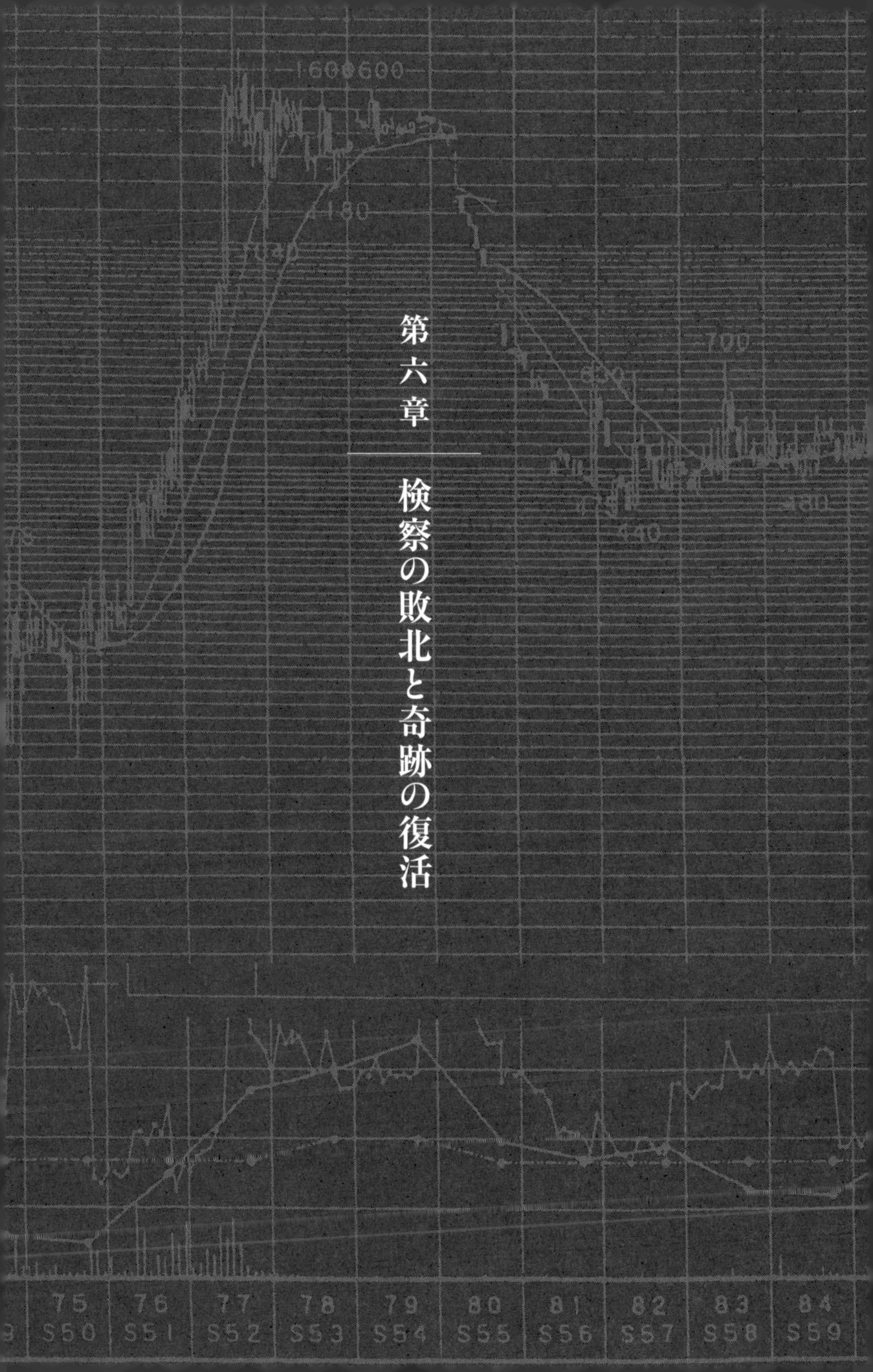

第六章

検察の敗北と奇跡の復活

誠備裁判の証言台に大物ヤクザ

一九八三年六月三十日、東京地裁で行なわれた誠備グループ、加藤暠の所得税法違反事件の第五十九回公判。この日、法廷には白髪の長身男性が弁護側証人として姿を現した。

「加藤さんに、『資金は出すから、銘柄や売買の時期は任せるので株の取引をして欲しい』と頼みました」

そう証言したのは稲川会の当時ナンバー2で、横須賀一家総長の石井進である。石井は七八年十一月に韓国賭博ツアーに絡む詐欺事件で警視庁に逮捕され、当時は長野刑務所に収監中だった。この日は石井の東京の内妻、伊藤明子も同じく証言台に立ち、弁護側からは加藤が石井への報告用に手書きで株取引の経過を記した「伊藤ｇｒｏｕｐ」と題するメモのコピー四枚も提出された。さらに石井が、株式取引資金の借入先である木倉に対して借入金の使途を説明するために手渡していた口座の顧客勘定元帳や受渡計算書のコピーも追加の証拠として出されている。木倉については、第四章で触れているが、一億円拾得事件の鍵を握る人物でもあり、稲川会とは深い繋がりがあった。

石井は七五年から加藤に依頼して株取引を行なっていたが、七八年五月に改めて伊藤ら四人の名義を用意し、黒川木徳証券に四口座を開設していた。取引の経緯を追うと、渦中の三二口座の一つから買い付けられた株が、約一カ月後に伊藤明子の口座で売却されているが、その売却益は加藤には入っていない。これを加藤の口座とするには無理があったが、検察側は三二口座すべてが事実上は加藤の口座であり、石井による四口座の取引までも加藤に帰属すると強引な主張を展開した。一方、石井は、加藤に依頼した株取引で、約二億円の利益をあげたことを明かした。加藤の妻、幸子が当時を振り返る。

「石井さんに証言を依頼し、段取りを整えて下さったのは、平和相銀の監査役、伊坂重昭さんです。伊坂さんは石井さんが明子さんと面会する場面を作ると約束し、石井さんの証人出廷を後押ししてくれたのです」

伊坂は検察OBで、平和相銀が関わったチーゼル機器の仕手戦では、吊り上げた株価を維持するため、自ら司令塔となって株を買い集めた加藤の協力者だったことは既に触れた。その伊坂は、かつて石井の刑事事件の弁護人も務めたことがあったのだ。形勢不利だった検察側にとって石井証言は、トドメの一撃となった。検察が加藤の取引口座だと主張する「誠備」「招徳」「コスモ」などと名付けられた三二口座は、実は誠備の秘密会員が多数相乗りした仮名口座であり、加藤は株の運用を一任されていたに過ぎなかった。当然ながら株式売買益で得た所得は加藤に帰属するものではない。秘密会員が政治家であろうが、暴力団組長であろうが、一人でも真の顧客が名乗り出れば、検察が描いた犯罪の構図はたちまち崩れてしまう。裏を返せば、検察が秘密会員である政治家の取引の実態を暴くメリットは何一つなかったのだ。国民は、検察当局に対し、加藤を入り口にして政界に切り込み、株式投資で利益を貪る政治家の脱税疑惑にまで手を伸ばす捜査を期待していたはずだったが、公判の展開は肩透かしの連続だった。

政治家の仮名取引に無関心だった検察

八三年九月二十日の公判で、ようやく元衆院議員の有田喜一の名前が出ると、翌年一月二十七日には失踪中だった〝北海道の政商〟、岩澤靖に替わって日興証券ＯＢの社長秘書が出廷。岩澤関連の証券口座には代議士秘書の名義になっているものが複数あり、売買益が政治家に行っていることが明らかになったが、検察側は岩澤の政界担当秘書には事情聴取もしておらず、証人申請もしていないことで追及は呆気なく終わった。

さらに二月二十七日には、黒川木徳証券に知人名義などで八口座を開設していた元政治家秘書が検察側証人として出廷した。裁判資料によれば、彼は自らの経歴について、慶應義塾大学卒で、信越化学工業に入社後、関連会社に移り、取締役となったと説明。検察側の捜査について、「資金の出処や使途について追及されたので、『ご賢察下さい』と言った。それ以上の追及はなかったと思う」と述べ、「身分関係に触れてないのは私の方から伏せて頂きたいと要望したから」と答えている。法廷では、弁護側が執拗に身上に関する質問を繰り出したことに検察側が抗議する一幕もあったが、背後にいる政治家が、信越化学工業の元社長で、衆院議員の小坂徳三郎であることは明白だった。

そして、同年三月二十三日には元大蔵相で、福田派の重鎮だった坊秀男の元秘書が証人として出廷する予定だったが、当日の開廷直前になって元秘書の妻から「夫は昨夜来、気分が悪く、病院に行ったので出廷できない」と連絡があり、一旦取り止めとなった。その後、臨床尋問の実施を予定していたが、検察側が「たとえ出廷しても満足な証言は得られない」として、これを撤回したため、証人尋問は実現しなかった。玉置の元秘書に至っては、発熱、和歌山出張、北海道出張と三度にわたって証人出廷をかわし、最後は逃げ切った。もはや公判を通じて、政治家の名前が明らかになることは望むべくもなかった。検察側は、政界に切り込むつもりなど毛頭なく、あくまでも加藤一人を有罪にして、それで終わりにしたいというのが本音だったのだろう。加藤の顧客には政治家のほかに、当初から宗教関係者がいるとも囁かれて来たが、それすら明かされることはなかった。のちに熱海に拠点を置く世界救世教で勃発した内紛のなかで、田岡満や木倉功が関与する形で教団の資金六億円が誠備の仕手戦に投じられたとの怪文書が飛び交ったが、局所的な話題に留まり、広がりを見せることはなかった。ちなみ加藤が遺した英國屋製の件《くだん》の手帳には、その時名前が取り沙汰された世界救世教の元幹部の名前と連絡先が書かれてあった。

誠備事件の捜査に関わっていた検察ＯＢが語る。

「捜査は当初こそ強気でしたが、途中からかなり迷走していた印象がある。検察は問題の二二口座を加藤の〝手張り口座〟と主張していたが、公判の途中からは〝手張り〟という表現を避けて、

『口座の所得は加藤に帰属する』の一点張りでした。補充捜査では株式を担保に加藤側に資金を貸していた証券金融の複数の業者からも聴取し、調書をとっていました。そこでは、加藤が業者に語った『私は最近夢を見る。平原の中を延びる線路を私は懸命に走っている。後ろから列車に追われている夢だ』という話を根拠にして、加藤は資金繰りに追われており、（仕手株の）買いの本尊は加藤だと結論付けていた」

その後の検察側の被告人質問では、加藤が、後ろ盾でもあった日本船舶振興会の笹川良一会長から一億円の資金を受けて株式運用していた実態が明らかになった。加藤は、笹川が会長理事を務める「全戦争受難者慰霊協会」と金銭信託契約を締結。課税上の問題も考慮した形で一億円を預かり、笹川の名が顕出しないよう株投資を行ない、損得の如何にかかわらず、毎月月末に一〇〇〇万円を支払っていた。笹川側が投資リスクを一切負わない破格の扱いだった。迷走する検察の動揺を物語るように、誠備事件の捜査の中核を担った主任検事の小柳泰治が八三年五月に札幌高検に異動し、士気にも影響が出ていた。

加藤の妻、幸子が明かす。

「私は、当初から相談に乗って頂いていた元検事総長の竹内先生には對馬さんを通じて、検察捜査の不満を何度も伝えていました。主任検事の小柳さんは新潟県出身だったので、主人は角栄さんの影を感じて凄く嫌がっていました。小柄な方で、足が悪い様子だったので、『一番寒いところに飛ばして下さい』と冗談のつもりで言ったら、本当に北海道に異動になっていました。偶然とはいえ、驚きました」

投資会社をダミーにした斬新な株高スキーム

一方、東京拘置所の加藤は、勾留中に密教に興味を持ち、仏教書を耽読《たんどく》する日々を過ごした。マスコミは、加藤が相場の世界に復帰することはないとの見方を強めていたが、岡三証券時代の同期が差し入れた『会社四季報』にも目を通し、株の動きを研究して再起に向けた準備も怠らなかった。そして八三年八月二十七日、六度目の保釈申請がついに認められ、加藤は二億円の保釈金を払って、約二年半ぶりに娑婆の土を踏んだ。保釈金は木倉が出したと言われていたが、木倉自身は筆者の取材に「そういう話になっていますが、僕は関係ない」と否定している。保釈当日、報道陣は全くのノーマークで、ひっそりと東京拘置所を後にした加藤は、早速ホテルオークラ別館を拠点に活動を再開。株価暴落で損失を被った誠備会員への謝罪に追われる日々のなか、水面下では復活に向けた青写真を温めてもいた。

「新しい仕組みを考えました」

港区赤坂のマンションの一室。神棚が恭《うやうや》しく祀ってある室内で、加藤は知人の証券マンから紹介された日商インターライフの創業者、天井次夫《あまいつぐお》を前に、ボードに手書きで図解しながら熱っぽくこう語っていた。

「今まで大口顧客を会員にして仕手戦をやってきたが、結局は抜け駆けされ、自分の思うような相場にならなかった。そこで資本金五億円程度の会社を十個ほど作り、客には出資して株主になって貰う。会社が株を運用し、一定の株価になったら、客にもその銘柄を個人で買わせ、株価が上がったところで少しずつ売る。今度はそれを別の会社が拾う。会社は儲からなくていい。利益を客に転換する」

天井は、その斬新な発想に唸《うな》るしかなかった。のちに衆院議員の新井将敬を囲むベンチャー人脈の異業種交流会「Ｂ＆Ｂ（ベスト＆ブライテスト）の会」の中心メンバーとなり、「日本ベンチャー協議会」を主宰した天井は、二〇二三年十一月に他界したが、亡くなる半年前、筆者の取材に「加藤に会ったのは約四十年前だったが、その時の強烈なインパクトは今も忘れられない」と語っていた。ベンチャー協議会は、ピーク時には四百社近くが所属し、天井はドン・キホーテの安田隆夫やエイチ・アイ・エスの澤田秀雄を始め、数多くの起業家から慕われたが、その天井を以てしても、加藤のスキームは異彩を放って見えたのだ。

誠備事件で保釈された後の加藤

加藤は逮捕によって雲散霧消した誠備の元側近や元

有力会員らにも密かに接触し、構想を打ち明けた。なかには全財産を失い、自殺まで考えた者もいたが、それでも加藤を憎み切れず、新会社への出資者を紹介する協力者も現れた。誠備グループの廿日会の元会長も、加藤の逮捕後、『週刊新潮』（一九八三年九月十五日号）の取材に「四回、住居を変え、四回、自殺しようと考えました」としながらも、こう語っている。

「万やむを得ない事情で加藤さんが逮捕されましたが、要するに一時、ストップしてるだけなんです。儲《もう》けたのか、損したのか、結果は出てないんですよ。まだ終わってないじゃないかと、私は言いたいですね」

加藤の逮捕とともに廿日会は解散し、誠備もなくなった。だが、元会長は加藤の公判にも弁護側証人として出廷し、保釈後は三和ファイナンスの山田紘一郎や和歌山の酒造会社の社長など新規の金主を次々と紹介した。加藤は天性の人たらしぶりを発揮し、一口一〇〇〇万円の出資者を募っていった。東京地検特捜部に逮捕されながら秘密会員の名を明かさなかったことで、逆にその評判に拍車がかかり、〝加藤神話〟は依然として健在だった。十四社、七七億円の総資本金の会社群の誕生に向け、加藤は奔走し始めた。

〝夜の広島商工会議所会頭〟の不審死

一方、加藤の無罪を信じ、逃亡生活を続けていた幸子と息子の恭は、東京に舞い戻り、阿佐谷の2LDKの一軒家で、息を潜めて暮らしていた。地方を転々とするよりも、家族連れの多い、庶民的な街に紛れて過ごす方が目立たないと考えた對馬が、それらしい家を用意してくれたのだ。恭が、当時の微かな記憶を語る。

「時折、對馬さんが、大きなおもちゃを持って遊びに来てくれて、特撮ヒーローの名前から〝ゴッドマンのおじちゃん〟と呼んでいたことを辛うじて覚えています。同世代の子供と遊ぶ機会もなく、幼稚園にも通えなかったので、勉強は家で母から教わっていました」

ある時、見知らぬ男性が自宅を訪ねてきた。玄関先でその男性に縋《すが》り、泣き崩れる幸子。それは、物心ついた恭が初めて見る父、加藤暠の姿だった。加藤は恭を抱き上げ、肩車で近くの銭湯に連れ出したという。

しかし、その日のうちに加藤は再び妻と息子の前から姿を消した。逃亡中の女性秘書、金沢千賀子の行方を追う検察当局やマスコミからの追跡を恐れていただけでなく、身の危険を感じていたからでもあった。実は、宮地鉄工株の仕手戦が紛糾するなか、加藤にボディーガードを派遣した〝夜の広島商工会議所会頭〟こと下土井澄雄が不審な死を遂げていたのだ。下土井は加藤が東京拘置所に拘留されていた八一年十一月二十八日、広島市内の自宅マンションの八階の部屋から謎の投身自殺を図った。冬の冷え込みが広がる早朝六時過ぎ、シャツとパンツの下着姿でマンションの下の歩道で倒れているところを発見されたという。幸子が語る。

「別件で広島県警に逮捕され、釈放された翌日の自殺だったそうです。主人はこの不審死と誠備

妻、幼い長男との3ショット

事件との関連を指摘して、晩年まで権力の怖さを語っていました」

広島県警は、飛び降り自殺と断定したが、加藤は自筆のメモに、〈拘置所にいたおかげで、殺すのを後回しにされ、天が守ってくれた〉と書き記している。加藤には、権力という〝見えざる力〟の向こうに、田中角栄の姿が見えていたのかもしれない。拘置所を出た加藤が、序章で触れた長野県の活禅寺にのめり込んだ理由の一つもそこにあった。活禅寺の老師との出逢いによって、「すべてから解放された」と周囲に語っていたという。

酒浸りの角栄からかけられた言葉

実は、加藤は保釈後に元テレビ朝日専務の三浦甲子二の仲介で、田中角栄と面談を果たしている。三浦は、朝日新聞出身で、異色の経歴の持ち主として知られる。発送部のアルバイトから記者に採用され、長野支局時代に軽井沢に別荘を持つ社主の村山家に食い込み、次の横浜支局では自民党の党人派の大物、河野一郎と知遇を得て、政治部に引き上げられた。豪放磊落《ごうほうらいらく》な性格で、派閥の領袖クラスと対等に付き合えるスター記者となるが、社内紛争の果てに退社し、当時NETと呼ばれていた朝日新聞系列のテレビ朝日に転じた。NETでは「モーニングショー」を手始めに編成局長、報道本部長と本流を歩み、辣腕を発揮した。加藤の有力顧客だった北海道テレビ放送の岩澤とは、ともにNETの取締役を務めていた時期があり、非常に近しい関係だった。

三浦は独自の人脈を駆使して一九八〇年のモスクワ五輪の独占放映権を二七億円で獲得し、一九七九年六月に専務へと上り詰めた。だが、その半年後、ソ連のアフガニスタン侵攻によって、アメリカに追随した日本がモスクワ五輪不参加を決めたことで、テレ朝は巨額損失を被ることになり、三浦は一気に窮地に追い込まれていく。一九八二年の中曽根政権誕生の舞台裏では、田中角栄に根回しをし、組閣人事にも関与するなど中曽根の懐刀として相変わらずの活躍をみせたが、局内ではかつての権勢は鳴りを潜め、次第に居場所を失っていった。その頃から三浦は加藤と関係を深めていき、加藤の紹介で長野の活禅寺を訪れるようになった。中曽根も上京した活禅寺の開祖、徹禅無形と度々面会し、二度活禅寺にも直接お参りしている。加藤の遺品のなかには、徹禅無形と当時の内閣官房長官、藤波孝生、そして三浦のスリーショットの写真も残されていた。三浦にとって坐禅は、人知れず抱えた苦悩から解放されたいという祈りの発露だったのだろ

徹厳無形を囲む藤波孝生官房長官（左）、“テレ朝の天皇”三浦甲子二（右）

う。事情を知る活禅寺の和尚、徹巌が述懐する。

「三浦さんはとても熱心な方で、一人で部屋に寝泊まりして、坐禅や写経などの行に励んでいた姿を憶えています。最初は三年続けると仰っていましたが、どうしても自分でなければ解決できない問題が出来たので一度帰るが、必ず戻ってくると言って帰京されました」

三浦の訃報が届いたのは、それからしばらくしてからのことだった。一九八五年五月十日、享年六十。何の前触れもない突然の死だったことで、死因については様々な憶測が飛び交った。今となっては、三浦が帰京しなければならなかった理由は定かではないが、八五年の年明けから活禅寺に籠もっていた三浦が、加藤と田中角栄との面会を御膳立てしたのは、ちょうどその直後のことだった。

当時、自民党は大きな転換期を迎えていた。

田中角栄からは「加藤君、一緒にやればよかったな」と声をかけられたという

八五年二月七日に田中派から竹下登、金丸信ら四十人が、派中派閥「創政会」を結成した。竹下らの造反を知った角栄は荒れに荒れ、お気に入りのオールド・パーを一日に一本空けるペースで、浴びるように飲んでいたと言われた頃だった。場所は、赤坂の老舗料亭。この時、加藤に同行した高校の同級生、八木明男（仮名）が語る。

「私は別室にいたので、角栄さんとの会話の内容までは分かりませんでした。ただ、会食を終えて出て来た加藤は多くを語ろうとはせず、『角栄さんのオールド・パーのグラスを持つ手が震えていた』と興奮気味に説明し、角栄さんからは、『加藤君、一緒にやればよかったな』と言葉をかけて貰ったと話していました」

加藤の自筆メモによれば、角栄が脳梗塞で倒れたのは、酒を酌み交わしてから約一週間後のことだったという。

中江滋樹からの手紙

万難を排し、再起に向けて動き出した加藤は保釈翌年の一九八四年十月から順次会社を設立し、早くも「大正海上火災保険」「太平洋金属」などの銘柄で仕手戦を仕掛けていた。中核を担った「真大倉」は、事務所が加藤の常宿だったホテルオークラに近かったことから最初は「新大倉総業」と名付けられ、資本金は四億八〇〇〇万円だった。社長には熊本国税局直税部長などを務めた元大蔵官僚、田中久義を招聘《しょうへい》。株取引をカムフラージュするかのように三越と組んで食品販売を手掛け、不動産事業やホテル経営にも乗り出した。他にも「霊南坂商事」「出雲物産」など、続々と会社が立ち上がったが、加藤はいずれの会社とも無関係を装い、株主にも役員にも名を連ねることはなかった。見方を変えれば、それは何かトラブルがあっても、法的な責任を負わされることはない狡猾《こうかつ》な仕組みだった。八六年には投資顧問業法が成立し、大蔵省の許可がなければ投資顧問の看板を掲げられなくなるが、加藤はいち早く投資会社に衣替えをして先手を打っていたのだ。真大倉は四階建てビルの二フロアを借りており、一階部分は事務局、二階には会議室と社長室、そして加藤専用の会長室が設えてあった。室内には浅草の待乳山聖天のお札が置かれ、活禅寺の大黒様が鎮座していたという。加藤は活禅寺で修行を重ねることで、長引く裁判に功徳を積んで備えると同時に中曽根らと親交を深めた。そして中曽根との繋がりは誠備時代以上に強

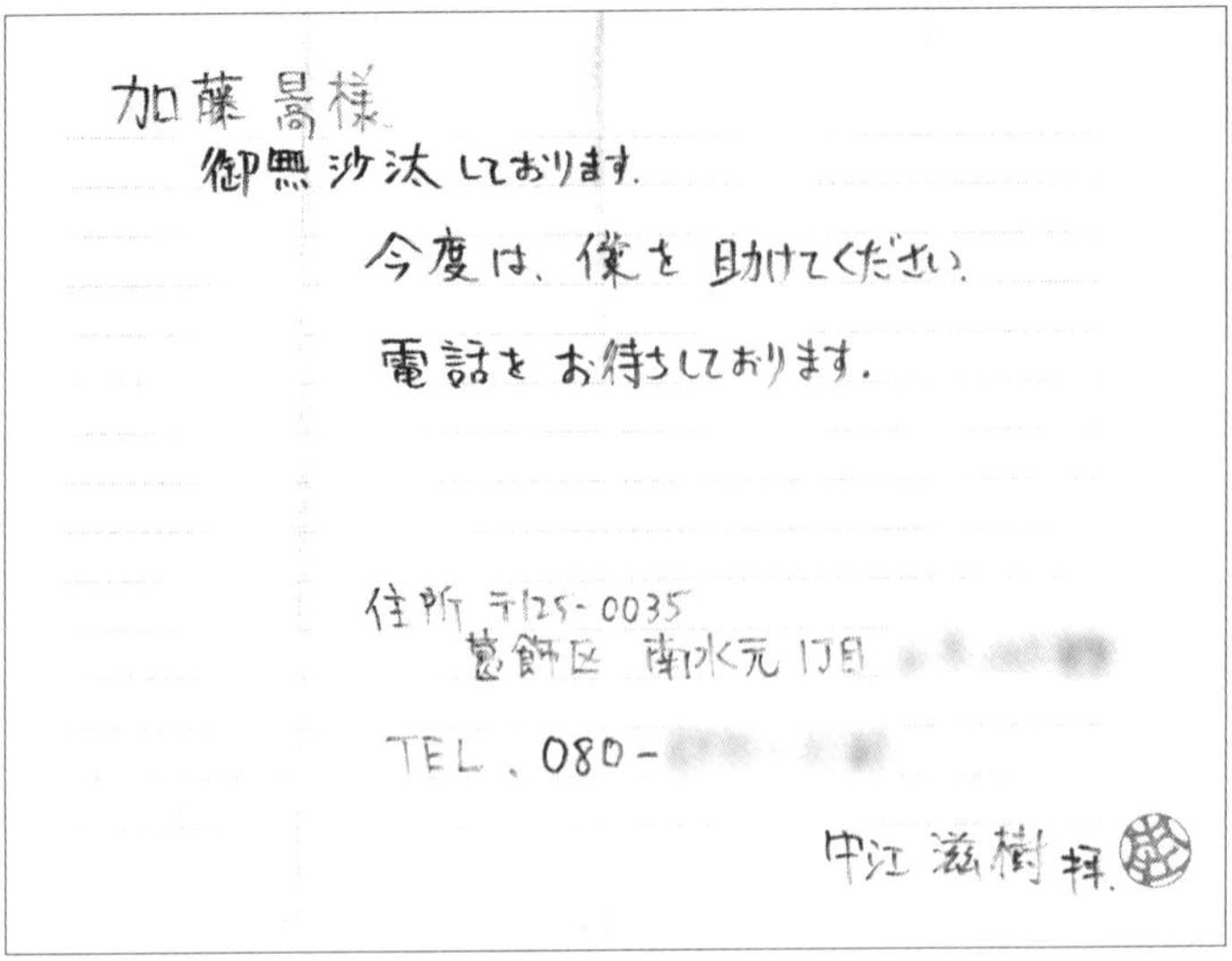
加藤昌様
御無沙汰しております。
今度は、僕を助けてください。
電話をお待ちしております。
住所 〒125-0035
葛飾区 南水元1丁目 [redacted]
TEL．080-[redacted]
中江滋樹 拝

加藤に助けを求める中江滋樹の手紙

固になっていく。

さらに意外な援軍も現れた。投資顧問会社「投資ジャーナル」会長で、当時兜町を席巻していた中江滋樹だ。以前から知り合いだった中江は、先輩格の加藤に一億円を気前よく提供し、宴席を催して「立ち直って欲しい」とエールを送った。加藤の妻、幸子も、何度か加藤の使いで、中江の事務所に届け物を持って訪ねたことがあるという。

「中江さんは投資ジャーナル事件で警視庁に逮捕され、実刑判決を受けましたが、出所時には返礼として資金援助もしていたはずです。ただ、仕事で連携することはなかったです」

中江は詐欺罪で一九八九年に実刑六年の判決が確定し、三年半の服役を終えて仮出所した後、講談社発行の雑誌『Ｖｉｅｗｓ』による初めてのロングインタビューで加藤について語っている。

〈加藤暠さんとは義兄弟、おたがいどん底で救いあった仲です。僕が保釈中は加藤さんが数千万円単位のお小遣いをくれたし、加藤さんが先に事件で入ったときは僕も同じようにしました。加藤さんは、もう一度大成功しますよ。まだバブルでの傷が完全に癒えてないのでご本人は出たがりませんが、あの人はいま当たりまくってます。あの人はそれだけの器の持ち主です〉（一九九四年四月二十七日号）

しかし、時を経て、二人の関係は変質していく。

中江は二〇二〇年二月二〇日早朝、晩年を過ごした葛飾区の家賃四万八〇〇〇円の1Kのアパートで、焼死体となって発見された。九二年十月に仮出所してからは暴力団マネーで再起を図ったが、その後は、かつての栄華を取り戻せないまま、転落の一途を辿った。終《つい》の棲家《すみか》となったアパートに転居した死の約七年前、中江は、一通の手紙を加藤に送った。

〈御無沙汰しております。今度は、僕を助けてください。電話をお待ちしております〉

そこには携帯電話の番号も添えられていた。だが、幸子から手紙を受け取った加藤はこう言い放った。

「俺は助けて貰ったことはない。放っておけ」

そこには加藤の相場師としてのプライドと敗者を寄せ付けない非情さが垣間見える。相場で敗れざる者に加藤ができることは、信仰を深め、祈りを捧げることだけだった。

検察敗北の瞬間

誠備事件の教訓を胸に、再浮上のきっかけを摑んだ加藤は、八五年三月二十二日、運命の地裁判決を迎える。四月に小学校入学を控えていた恭と幸子は、阿佐ヶ谷から麹町のマンションに居を移していた。だが、加藤のビジネスパートナーでもあった木倉が、「入学式まで東京を離れておいた方がいい」とアドバイスし、京都の都ホテルのスイートルームを手配した。二人はそこで吉報を待った。

判決は、加藤の所得税法違反は無罪、顧客の脱税幇助については懲役一年二カ月の実刑だったが、未決拘留期間はそれを超えており、検察の事実上の敗北を意味した。しかも、判決文は、初めから加藤一人に焦点を絞った捜査に疑義を呈し、まずは問題の三二口座の真の顧客を解明する捜査こそすべきではなかったかとの見解も示していた。検察にとっては、これ以上ない屈辱だった。加藤は、一審の弁護団の手配に尽力してくれた元検事総長の竹内には直接お礼を伝えた。竹内は仲介役の對馬に「いずれ俺が死んだら神谷を頼む。ひと言挨拶しておいてくれ」と常々話していたことから、加藤は對馬と連れ立って福田内閣で検事総長を務めた神谷尚男《ひさお》の自宅にも足を運んだ。当時はすでに退官していたが、玄関口で対応した神谷からは「加藤君、よかったね」と労いの言葉を掛けられたという（その後、九〇年四月二十日の控訴審判決でも、加藤の脱税は無罪となり、検察側は上告を断念。無罪が確定している）。

そして、誰よりも加藤の無罪に歓喜したのは、弟を溺愛した母親代わりの実姉、恭子だった。彼女は加藤逮捕の一報が流れた時、加藤の甥《おい》にあたる息子の目と耳を塞ぎ、「こんな話を信じてはダメ。あなたもいつか叔父さんが間違ったことはしていなかったと分かる」と強い口調で諭した。判決の二日後に彼女が加藤に送った手紙には、〈それにしても長かったですね。その間よくぞ耐えたものだと感動でいっぱいでした。瞬間貴方の側に近寄って揺さぶり起こしたい気持ちでした〉と傍聴席から判決を見守った時の心境が綴られていた。加藤は判決後、息子の恭を連れ、浅草寺の近くの広場で初めてキャッチボールをした。しかし、恭はボールを握ったまま投げることができなかった。ボールの投げ方すら分からない息子を前に、加藤は空白の二年半が残した傷の深さを悟った。

そして加藤は、失った時間を取り戻すかのように相場の世界にのめり込んでいく。時は狂乱のバブル。加藤の復活劇が始まろうとしていた。

霊能師の顧客人脈

〈春がすぎ　四年目の夏がきて
あの巨船が静かに浮上した

船底には無念と反省と復活
時の流れのなかで絡みあった
もろもろの情念が
新しい出発の
その一瞬を待っている〉

一九八五年六月、証券業界紙に「藤紘《ふじひろ》」なる投資顧問会社の散文詩のような会員募集の広告が載り、兜町で話題を呼んだ。タイトルは「再びの出発」。それは、検察との闘いで無罪を勝ち取った旧誠備グループ、加藤暠による事実上の復活宣言だった。

加藤は黒子に徹しながら、元側近らを使って会員を集め、出資金を募った。十四社に及ぶ企業群を設立し、新たなスキームで仕手戦に挑んでいた。藤紘は、加藤暠の「藤」と三和ファイナンスの社長、山田紘一郎の「紘」にちなんだ社名だという。加藤が書き残したメモによれば、山田は加藤の仕手戦で約八〇億円の利益をあげ、一割の八億円を加藤が信奉していた長野市の活禅寺に寄付したとされる。活禅寺の徹巌和尚によれば、八六年に落慶した三億円相当の大雄殿のほか、動物万霊供養堂なども山田の寄付によるものだという。

加藤の実兄、裕康は、弟から「誠備の失敗は二度と繰り返さない」と説得され、加藤の早大の後輩と三人でビジネスを始めた経緯をのちの手紙でこう振り返っている。

〈三人で聖天さんでお百度参りをすませ、中江滋樹から貰った一億円と加藤裕康が連帯保証人になって三和ファイナンス山田から借り入れた一億円合計二億円の資本金でビジネスを発足させた〉

三和ファイナンス・山田紘一郎の寄付で建てられた活禅寺の大雄殿

　三人で利益配分を決め、投資事業をスタートさせると運よく二九億円の利益が出たという。加藤は、グループ全体を支配下に置いて、仕手戦の銘柄選定から出資金の移動、資金繰りなどを差配した。すべての構図を俯瞰《ふかん》できるのは黒幕として頂点に君臨する加藤だけという特異なシステムを作り上げたのである。真大倉（のちに昭徳に社名変更）の八九年九月末時点の株主名簿をみると、誠備裁判で、証人出廷を逃げ切った玉置和郎の元秘書も九九〇〇万円を出資し、ちゃっかり名を連ねていた。さらに元法相、谷川和穂《かずお》の秘書は一〇〇〇万円、〝小田原の神様〟と呼ばれ、中曽根を始め政財界にパイプを持つ霊能師の村上嘉章《よしあき》も二〇〇〇万円で株主に入っている。

　村上はもともと歯科医師で、ある日天啓を受け、

政財界に太いパイプを持った霊能師の村上嘉章（右）と加藤

神の教えに従った奉仕活動を始めたという。

そして、ロッキード事件の〝灰色高官〟として批判を浴びて自民党幹事長を退いた中曽根に、将来の中曽根政権誕生を予言した言葉を授けて注目を集めた。加藤の妻、幸子によれば、加藤は頻繁に村上の元を訪れ、時にはヘリコプターを手配して村上とともに、函館方面に出掛けたこともあったという。当時、函館市からクルマで一時間ほど行った場所には、中曽根の金庫番と呼ばれた「山王経済研究会」の太田英子が、養護老人施設建設のために購入した土地があり、数体の仏像を安置したお堂があった。山王経済研究会には平和相銀の外様四天王の一人、大洋の杉尾栄俊も深く関与しており、加藤の人脈はあちこちで交錯していた。投資家は、それぞれが崇《あが》める霊能師や占い師を加藤に引き合わせ、「この人に命運を預けて大丈夫か」と品定めを依頼する。もともと信心深い加藤は、霊能師や占い師とも関係を深め、さらに彼らの先にいる信奉者をも巻き込んでいったのだ。

御巣鷹山墜落事故……日航株暴落でボロ儲け

真大倉のグループ企業の一つ、出雲物産の株主には、日本政治文化研究所の理事長、西山廣喜《こうき》もいた。株主名簿には、出資金八〇〇〇万円とあるが、備考欄では（出資金一〇〇M）とされている。ある種の特別待遇だったのだろう。西山は、右翼団体「昭和維新連盟」を組織し、児玉誉士夫とも深く交流した大物右翼で、政財界にも隠然たる影響力を持つことでも知られていた。誠備時代と手法は変わっても、加藤を取り巻く人脈には相変わらず表と裏が混在していた。

加藤が立ち上げた複数の会社で役員を務めた高校の同級生、八木が打ち明ける。

「八五年八月に御巣鷹山で発生した墜落事故で、日本航空の株価が大幅に下落したことがあった。あの時は加藤のグループで、片っ端から日航株を買い集めていました。政治家も例外ではなく、参院議員から衆院議員に鞍替えした玉置和郎さんに連絡すると『パーティー券収入で買うから、思いっきり買え』と話していました」

玉置だけでなく、何人もの政治家とその周辺が、四〇〇〇円台まで落ち込んだ日航株を買い、一万円を超える高値で売却して利益を得ていたという。加藤のメモには、受益者として竹下登の名前もあり、久保田家石材グループに至っては一〇〇億円規模の利益を出したと記されていた。加藤は完全に息を吹き返し、誠備時代を凌《しの》ぐ勢いをみせていた。八五年九月には米国ニューヨークのプラザ・ホテルで行なわれた先進五カ国（G5）のいわゆる〝プラザ合意〟により、各国がドル高を修正する協調介入に乗り出し、急速な円高が進んだ。そして日銀の金融緩和政策によって地価高騰と株高に象徴されるバブル景気に突入する。東京株式市場は時価総額、取引金額ともにニューヨーク市場を超え、熱に浮かされたたくさんの投資家が再び加藤の〝神通力〟に吸い寄せられていった。

東京佐川急便のバブル人脈

誠備事件の裁判で、加藤の無罪に繋がる証言をし、八四年十月に刑務所を出所した稲川会の石井進もまた加藤と連携していく。石井は、「もはや博徒の時代ではない」とばかりに実業界に活路を見出し、「稲川会経済部」と呼ばれた不動産会社「北祥産業」を設立。社長にはかつて銀座でクラブ「花」を経営していた庄司宗信を据えた。庄司は日本における、いわゆる〝企業舎弟〟の第一号とされる。そしてプラザ合意と同時期の八五年九月、石井は加藤が手掛けていた建設会社「太平工業」株の仕手戦に参入する。資金を融通したのは佐川急便グループの中核を成し、「政界のタニマチ」と呼ばれた東京佐川急便の社長、渡辺広康。渡辺は庄司の店の常連客だった。石井は北祥産業を通じ、無担保で二億円を借り入れたことを手始めに、佐川マネーを仕手戦に注ぎ込んだ。渡辺にも加藤を紹介し、ここから加藤に連なる人脈は、数珠繋ぎにバブル経済を彩った面々に伸びていく。

その頃、石井は六本木の「ホテルアイビス」（当時）を拠点に占いをしていた気学の安部芳明に傾倒していた。安部は元キングレコード専属の作曲家で、三橋美智也の名曲「星屑の町」の作曲者として知られる。四十六歳で作曲家を辞め、青森で神社仏閣を巡り、気学を学んだ。石井が立ち上げた北祥産業の名付け親が安部だと言われ、石井は安部の元を訪れて様々な形で助言を貰っていた。平和相銀の伊坂や加藤も安部とは親密に付き合うようになり、加藤は安部と下北半島の霊場として知られる恐山を訪れたこともあるという。安部が、原稿用紙に走り書きをして、加藤に渡した文書がある。

〈信仰心とは他人の欠点を許し合掌する心なり
信仰心とは己の為に
他人え《ママ》　親切心を
向ける　心なり
信仰心の道は急ぎ慌てる程・迷いの足取りとなる
安部芳明〉

石井もまた信仰に厚く、自宅には神棚だけでなく、仏像が並び、京都から宮大工を招いて八角堂まで設えていたという。時には加藤のボディーガード役を兼ねて、浅草の待乳山聖天にもお参りしていた。加藤の妻、幸子が語る。

「石井さんはお付きの人を誰も連れず、いつも一人で、ポケットに手を入れて麹町にあった主人の事務所を訪れていました。石井さんは野村證券が株投資の窓口の一つだったので、野村の銘柄情報は石井さんから教えて貰っていました。今から思うとどちらがお世話になっていたのか分かりません。一度、事務所で留守番をしていた時に、石井さんが、『これ、お土産』と包みを置いて行ったことがありました。香水かなと思ったら、立て爪の大きなダイヤモンドでした」

二つの〝屏風事件〟

石井は八六年に稲川会の二代目を襲名し、かつて加藤の仕手戦を支えた平和相互銀行の内紛劇にも介入していく。やがてそれは二つの〝屏風事件〟を誘発する。神戸の屏風地区の土地を巡る平和相銀の不正融資事件と平和相銀株の買い戻しに絡む政界工作の構図を炙《あぶ》り出した金屏風事件である。

内紛の発端は、平和相銀の創業者、小宮山英蔵が加藤の手掛けたヂーゼル機器の仕手戦の結末を見ることなく、七九年六月二十六日に死去したことだった。英蔵の死後、平和相銀グループは後継の座を巡って、英蔵の娘婿で、警察庁出身の副社長、池田勉と英蔵の長男で、常務の英一とが対立。伊坂が英一の後ろ盾となって池田を追放したが、それはまだほんの序章に過ぎなかった。伊坂は、新社長に就任した小宮山家の忠実な番頭だった稲井田隆を配下に抱え込み、関東信越国税局ＯＢで、常務の瀧田文雄、検察事務官出身の非常勤取締役、鶴岡隆二とともに実質的に平和相銀の経営権を掌握。彼ら行内の四人組は〝実権派〟と呼ばれ、やがて小宮山家の排除に乗り出す。英一も伊坂の専横に不信感を募らせ、平和相銀の乱脈融資の責任を押し付け合う形で確執は深まり、ついに八五年三月二十日、二代目オーナーである英一は解任される。伊坂ら実権派は、小宮山一族の株を押さえにかかり、内紛劇は敵味方が入り乱れる形で泥沼化していくのである。

窮地に追い込まれた英一側は水面下で、小宮山一族が保有していた平和相銀株二一六三万株（発行済株式総数の三三・五％）を時価総額約八〇億円で買い取り、グループ企業の負債を返済するための四二〇億円超の融資を引き受けてくれる相手を探していた。だが、合計五〇〇億円もの金策は困難を極め、最後に行き着いたのが川崎定徳の社長、佐藤茂だった。川崎定徳は旧川崎財閥の資産管理会社だが、佐藤は、川崎定徳の二代目社長、川崎守之助の信頼が厚く、川崎定徳が六本木を始め全国に所有する膨大な不動産のトラブル処理を一手に引き受け、政財界や裏社会にも顔が利く存在として知られていた。

小宮山一族の平和相銀株を引き受けた佐藤は、英一が解任された九日後、平和相銀本社に姿を現して名義の書き換えを求めた。そこで、まったく事情を把握していなかった伊坂ら実権派は仰天することになった。五〇〇億円の融資の出処は、住友銀行系の中堅商社、イトマンの子会社であるイトマンファイナンスであり、その裏では住友銀行が平和相銀を吸収合併するシナリオが描かれていた。関西がルーツの住友銀行にとって首都圏に百三店舗を持つ平和相銀は東京進出の橋頭堡《きょうとうほ》としてうってつけの存在だった。のちに住友銀行が食い物にされ、三〇〇〇億円が闇に消えた戦後最大の経済事件と言われるイトマン事件の〝火種〟はこの時から燻《くすぶ》り始めていたのだ。

自主再建路線に固執する伊坂は、平和相銀株の買い戻し工作に奔走するが、そこに絶妙のタイミングで登場してきたのが、八重洲画廊を経営する画商、真部俊生である。真部は「私は川崎定徳の佐藤社長と親しい。この金屏風を四〇億円で買ってくれれば佐藤と話がつく」などと話し、時価一億円にも満たない「金蒔絵時代行列」と呼ばれる金屏風の買い取りを持ち掛けたとされる。のちに伊坂は、真部から見せられたメモに〈佐藤十五、竹下三、伊坂一〉と書かれてあったとし、住友銀行の平和相銀合併阻止の工作資金として時の蔵相、竹下登側に三億円が渡ると理解していた旨を民事訴訟の法廷で語っている。真部は東大文学部中退という触れ込みで、バイクのサイドカーに乗って姿を現したり、細長い煙草に火をつけて一口吸っては消していく不思議な男だったが、青山にある八重洲画廊には稲川会の石井や竹下登の金庫番だった秘書、青木伊平も出入りしていたという。伊坂らは金屏風の購入を決断するが、結果的に四〇億円を支払っても平和相銀株を取り戻すことはできなかった。その伊坂に追い打ちをかけたのは、買い戻し交渉の過程で、援軍だったはずの石井が、川崎定徳の佐藤と関係を深めていたことだった。佐藤にとって伊坂のバックに石井がいることは脅威であり、石井の動きを封じる意味で、手を尽くして二人を引き離そうとしたのだ。その狭間で、加藤もまた翻弄されていく。

石井進人脈を次々と取り込む

加藤が手掛ける太平工業株の仕手戦に参入していた石井は、北祥産業を通じた東京佐川急便からの借入だけでなく、東京佐川の渡辺個人からも三億円を借り入れて株投資にのめり込んだ。さらに渡辺の右腕だった経理担当常務の早乙女潤は、北祥産業社長の庄司から加藤を紹介され、東京佐川急便名義だけでなく、個人でも太平工業株に資金を投入し、加藤の仕手戦に一枚噛《か》んでいた。加藤は石井の人脈を次々と取り込んでいくなかで、川崎定徳の佐藤とも関係を深めた。加藤の英國屋製の手帳には、佐藤の名前と連絡先も残されていた。

その一方、平和相銀株の買い戻し工作に失敗した伊坂らを待ち構えていたのは、大蔵省による約五カ月に及ぶ銀行検査だった。乱脈経営を続けた平和相銀は五〇〇〇億円にものぼる問題融資が発覚し、伊坂ら実権派の四人組は辞任に追い込まれた。そして、東京地検特捜部は八六年七月六日、強制捜査に乗り出し、伊坂ら四人組を含む計七人を特別背任の疑いで逮捕した。逮捕容疑となったのは、平和相銀最大の融資先である関連レジャー企業、太平洋クラブがゴルフ場用地として所有していた神戸市北区八多《はた》町屏風の山林、通称「屏風の土地」を巡る不正融資である。この山林は三〇〇メートルの高低差があるうえ、市街化調整区域にあるため、宅地開発もできず、太平洋クラブも持て余していた土地だった。これを八三年に京都の暴力団、会津小鉄会の幹部が紹介した大阪の不動産業者とその関係先が買い取るにあたり、平和相銀側は売却価格の約六〇億円を大幅に上回る約一一六億円を融資していたというものだった。

実は、伊坂から相談を受ける形で、この土地取引の面々を引き合わせたのは、大物右翼の豊田一夫だった。そして、その調整役を担ったのが豊田の側近の對馬邦雄である。加藤に笹川良一を繋ぎ、誠備事件では加藤の弁護士を手配し、加藤の妻と息子らの二年以上に及ぶ逃亡を手助けした對馬は、この時の七人の逮捕者に含まれている。のちに對馬は不起訴処分となったが、豊田と對馬は、この捜査の過程で浮上した平和相銀が絡む、もう一つの事件にも深く関わっていた。それが鹿児島県種子島沖に浮かぶ無人島、馬毛島を舞台にした政界工作の疑惑である。

関電ドンの最側近と馬毛島開発の闇

馬毛島は総面積八・二平方キロで、日本の無人島のなかでは二番目に大きいとされる。二〇一九年に日本政府が地権者から破格の約一六〇億円で土地を購入し、現在は米空母艦載機離着陸訓練（ＦＣＬＰ）の移転先として自衛隊の基地建設が進められているが、この島には数奇な運命に翻弄されてきた歴史がある。

一九五〇年代のピーク時には五〇〇人以上の人が島に住み、サトウキビ栽培や酪農を営んでいたが、列島改造ブームのなか、平和相銀はそこにレジャーランドの建設を計画。七四年に太平洋クラブ本社ビル内に「馬毛島開発」を設立し、全島の九八％にあたる土地を取得していく。住民は島外に移住し、人影は消えた。しかし、オイルショックなどの影響で計画は頓挫し、その後は石油備蓄基地の誘致に動き出したが、同じ鹿児島県の志布志《しぶし》湾に備蓄基地の建設が決まったことで、再び計画は白紙に戻ってしまった。次に持ち上がったのが、核燃料廃棄物の最終処分場構想である。平和相銀の伊坂はすぐに、電力業界に影響力を持つ豊田に相談を持ち掛けた。豊田には関西電力のドンとして君臨していた芦原義重会長に太いパイプがあったからだ。芦原の最側近だった関電元副社長の内藤千百里《ちもり》は、豊田や對馬とも昵懇《じっこん》の仲で、その事情を最もよく知る人物である。二〇一八年一月に亡くなっているが、生前、筆者の取材に対してその経緯をこう明かしている。

「芦原が関西電力の初代会長だった太田垣士郎から豊田さんを紹介された縁で、私も豊田さんとは非常に親しかった。関電が抱えるトラブル処理を相談するだけではなく、一緒に台湾に旅行したこともありますが、豊田さんと盟友関係にあった台湾海軍の将軍が国賓待遇で迎えてくれた。とにかくスケールの大きな人でした。豊田さんとは彼が親しかった平和相銀の伊坂さんと三人で、二カ月に一回、東京の吉兆で食事会をしていました。そのなかで平和相銀の支配下にあった馬毛島を高レベル放射性廃棄物の処分場として二四五億円で売却する話が持ち込まれたんです」

提示価格の二四五億円は、決して安い買い物ではないが、無人島ゆえに地権者との煩わしい交渉も要らないばかりか、核燃料廃棄物による地下水への影響も回避できる。原発を〝トイレのないマンション〟と揶揄《やゆ》されてきた電力業界にとっては願ってもない提案だった。内藤が続ける。

「芦原が当時、電気事業連合会（電事連）の会長だった東電の社長、平岩外四にこの話を伝えたところ、平岩も『分かりました』と快諾した。ところが、その後、青森県の六ヶ所村で、石油コンビナート構想が躓《つまず》き、公団（第三セクターの「むつ小川原《おがわら》開発」）が大赤字になったことから、国が経団連に泣きつき、経団連の会長だった新日鉄元社長の稲山嘉寛《よしひろ》から電事連側に『電力業界に進出してもらいたい』と依頼が来た。経団連の会長ポストを狙っていた平岩は、あっさり芦原の馬毛島の話を断り、稲山からの要請を呑んだのです」

そして八四年四月、電事連は正式に青森県、六ヶ所村に核燃料サイクル施設の立地を申し入れた。一方、後継指名を期待していた平岩は、八六年の経団連会長の交代時に、新日鉄の元社長、斎藤英四郎とともに候補となるが、稲山の「斎藤君に一期だけやらせて欲しい」との一言で、一旦斎藤にポストを譲った。ところが、翌年に稲山ががんで亡くなると、斎藤は約束を反故にし、会長ポストを譲らず、三期の間居座った。平岩と斎藤とのバトルは、二人の名前にちなんで〝四・四戦争〟と呼ばれたが、最後は平岩を推す勢力が斎藤を任期途中に引き摺《ず》り降ろす形で、平岩は悲願の経団連会長ポストを手に入れるのだ。

財界の醜い権力争いの果てに、核燃料廃棄物の最終処分場構想は泡と消え、次に豊田に持ち込まれたのが、自衛隊の超水平線（ＯＴＨ）レーダー基地の誘致計画である。八三年、豊田は伊坂の意を受けた警視庁出身の平和相銀の常務、石村勘三郎から防衛庁（当時）に馬毛島を買い上げて貰うための政界工作を依頼された。工作資金として平和相銀が融資の形をとり、豊田の自宅にジュラルミンケースに現金を入れて四回、合計二〇億円が届けられた。この時、豊田宅に運び込まれた二〇億円を入れるための金庫を手配し、運び込んだのは、對馬である。豊田はこれを約二〇人の自民党の国会議員に渡したとされる。特捜部も、この事実関係を把握し、豊田を事情聴取している。調べを担当したのは、その後、リクルート事件で主任検事を務め、特捜部長となる宗像紀夫《むなかたのりお》である。神戸の「屏風の土地」から始まった捜査は、金屏風事件、そして馬毛島事件へと延び、その射程には政治家を捉えていると誰もがそう思い込んでいた。ところが、強制捜査かららわずか一カ月後の八六年八月十二日、突然の捜査終結宣言で、あっさり事件は幕引きを迎える。そして約一カ月半後の十月一日、平和相銀は住友銀行に吸収合併されていくのだ。

大物右翼・豊田一夫の呟き

時の検事総長は、「巨悪は眠らせない」との訓示を残したことで知られる〝ミスター検察〟伊藤栄樹《しげき》。伊藤にとって伊坂は、検察時代の一年後輩にあたり、ともに当時は将来を嘱望された検事だった。年月を経て、奇しくも二人は相対することとなったが、伊藤の勇ましい名セリフとは裏腹に、平和相銀事件の捜査は住友銀行の意を汲んだ国策捜査の感は否めなかった。当時、住友グループと検察主流派との間には、元検事総長で住友銀行の顧問弁護士となっていた安原美穂を中心とする親睦会「花月会」があった。検察上層部は政界に切り込むつもりなど毛頭なく、伊坂の個人犯罪として矮小化することで、実権派四人組を排除し、平和相銀合併への地ならしをしたに過ぎない。無罪を主張した伊坂は、最高裁まで争い、九八年に懲役三年六月の実刑が確定。収監後は医療刑務所に移り、二〇〇〇年四月に病気が悪化して都内の病院に移された三日後、失意のままこの世を去った。馬毛島事件のキーマンだった豊田も、二〇一〇年一月十三日に亡くなっているが、その約半年前、筆者は對馬の仲介で、豊田と会っている。

銀座にあった広東料理の名門、福臨門に姿を見せた豊田は、コワモテというよりも好々爺《こうこうや》の印象だった。持病の影響なのか、思った以上に痩せており、大食漢で恰幅《かっぷく》がいいイメージは覆された。「昔はヤンチャをしていましてね」と、かつて児玉誉士夫の関係者とのトラブルから銃撃を受けた時の身体の傷跡をさするような仕草をみせた。そして、「最近は家で肉を食べさせて貰えないんだ」と笑いながら、運ばれてくる料理を平らげていた。過去の事件について話を向けてみたものの、「政治家のなかには、会うなり、『私の評判はどうですかね』と人に自分の評判を尋ねてくるようなのがいる」と煙に巻くような話ぶりで、詳細を語ることはなかった。帰り際には、持参してきた自著『夢のまた夢』にサインをして、私に手渡してくれた。のちに、對馬は馬毛島事件について尋ねる私に、自らも事情聴取を受けたと話し、「ぜんぶ自分の個人的な判断で、何も言わなかった。豊田さんを守り切ったことは私の勲章だ」と語った。

平和相銀事件は、その後の竹下政権誕生時の皇民党による褒《ほ》め殺しや東京佐川急便事件へと繋がり、国会でも過去に遡《さかのぼ》って疑惑追及がなされたが、全容が明らかになることはなかった。加藤にとっては誠備事件同様に、検察権力の恐ろしさをまざまざと見せつけられた事件だった。その一方、稲川会の石井は、茨城県にある平和相銀系列の太平洋クラブが抱える岩間カントリークラブを掌握し、強《したた》かに経済ヤクザへの道を突き進んだ。

「私の心のふるさとは住友銀行だ」

石井は、この名セリフを残した仕手集団「光進」代表の小谷光浩とも関係を深めた。小谷は国際航業や蛇の目ミシン工業などの上場企業の株の買い占めで名を馳せ、当時絶頂期にあった。小谷の助言で東急電鉄株の仕手戦にも参戦した石井は、岩間カントリークラブの一口四〇〇〇万円の「会員権資格保証金預り証」を発行して資金を集めた。当時、岩間カントリークラブは会員制ではなく、パブリックコースで、預かり証はゴルフ会員権とは似て非なるものであり、実際は紙切れ同然の代物だった。石井はこれを証券口座を開設していた野村證券と日興証券の関連会社（いずれも五〇口、二〇億円）や東京佐川急便（二〇〇口、八〇億円）、加藤が実質支配する「東成商事」「宝山」（二社合計で七五口、三〇億円）など各方面に売りつけ、合計九六〇口、三八四億円を集めて、惜しげもなく株投資にカネを注ぎ込んでいた。

不動産、株、そしてゴルフ会員権の高騰に象徴されたバブル。その勢いに陰りが見え始めた九〇年初め、急落する東証平均株価を尻目に高値を更新し続けたのが、加藤が仕掛けた本州製紙（当時）株だった。

「石が流れて木の葉が沈む」――。

物事が道理とは逆に進む様を現すことわざだが、それは絶対に上がらない株を押し上げたと譬《たと》えられた、バブル最後の壮絶な仕手戦だった。

第七章

バブル最後の仕手戦

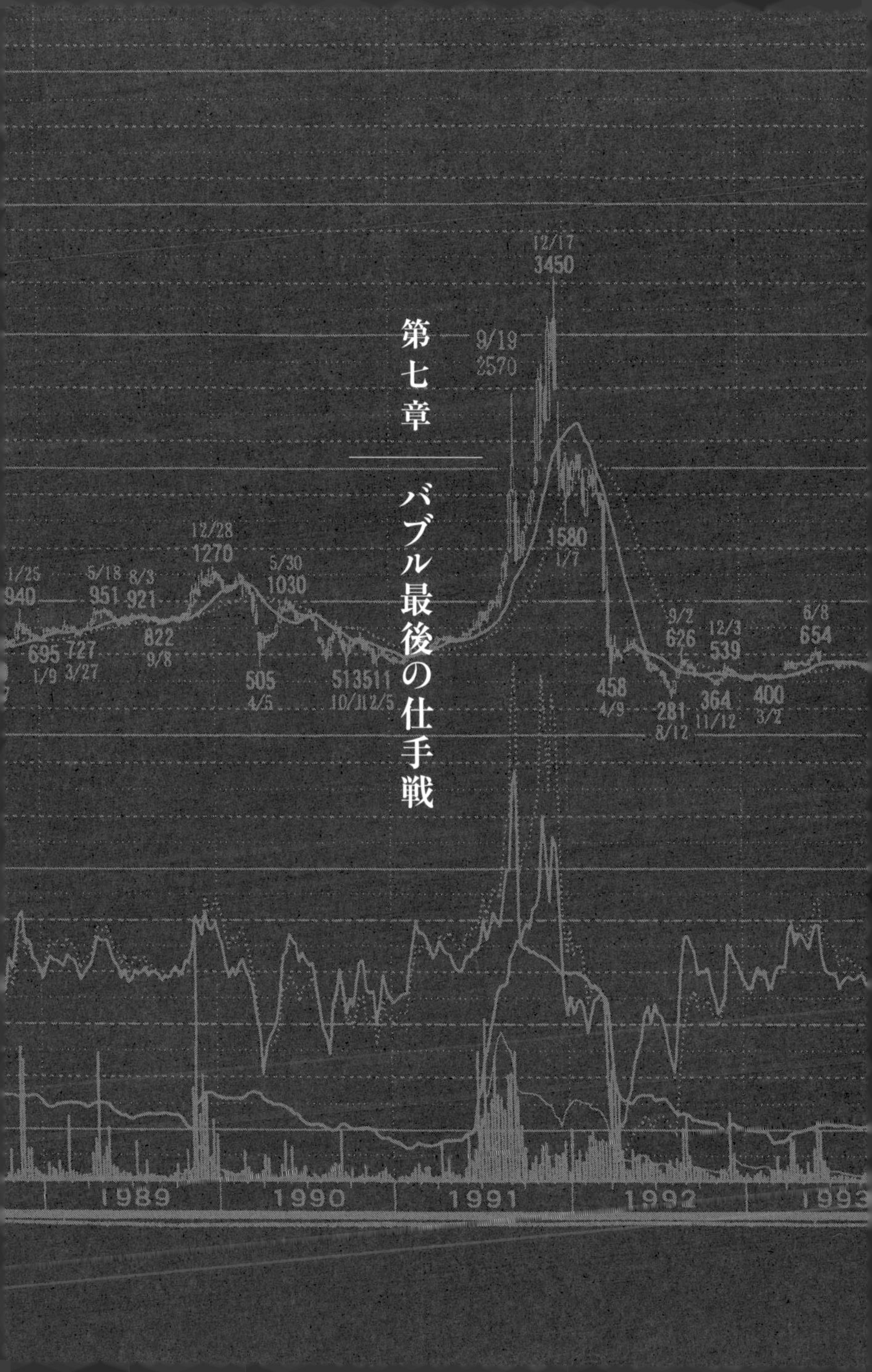

闇紳士の総力戦となった「本州製紙株」

東証一部上場企業で、製紙業界第五位だった本州製紙の株価が上昇し始めたのは一九八九年末のことだった。十一月までは一〇〇〇円前後だった株価が、上げ下げを繰り返しながらも九〇年五月には二倍の二〇〇〇円台、七月には三〇〇〇円台に乗せた。これといった買い材料がないなかで、業界トップの王子製紙を大きく引き離す株価をつけた背景に仕手筋が介入していることは明らかだった。

加藤は当初、自らが実質支配する「昭徳」「東成商事」「大剛商事」「出雲物産」「宝山」「せんだん」「希祥」などの企業グループを使って本州製紙株を買い集めていた。そこに参戦してきたのは、第三章で触れた不動産会社「地産」の竹井博友。竹井は地産グループの「木鶏《もっけい》」を通じて加藤の東成商事や出雲物産に仕手資金二〇〇億円を融資し、自らも億単位の資金を本州製紙株に投じた。加藤の遺品には、その融資金の一部、八〇億円について東成商事が木鶏との間で九〇年二月八日に交わした金銭消費貸借契約を証明する公正証書の写しが残されていた。

さらに安達建之助も加藤の相場に相乗りした。安達は大阪出身で早稲田大を卒業後、「大阪デザイナー学院」を手始めに全国に「デザイナー」「写真」「ビジネス」「観光」などの名前を冠した専門学校を次々と作り、ゴルフ場やホテル、レジャー事業にも進出。加藤とはグループ会社の専務だった安達の叔父が、かつて証券会社に勤めていた関係で知り合い、八七年頃から加藤の推奨銘柄で株投資を行なってきたという。さらに安達は、石井の岩間カントリークラブが発行した「預り証」には関連会社三社を通じて五〇億円分を拠出してもいた。九〇年三月末時点で、加藤、竹井、安達の三グループで本州製紙の四七五〇万株（発行済み株式の約一四％）を取得していた。

九〇年代に入り、バブル崩壊の足音が近付いていていた。八九年の大納会で、日経平均株価は史上最高値の終値《おわりね》で引けたが、年を跨《また》いで、一月四日の大発会では、株式市場はほぼ全面安。さらに債券も円も売られるトリプル安となり、その後も株価は回復の兆しを見せることなく、ジリジリと下がり続けた。本州製紙株も、四月に入って一旦一二〇〇円台まで下がったが、三グループのほか、一般投資家からの買い注文もあり、五月以降は再び株価が急騰。八月に入るとイラクがクウェートに侵攻して湾岸戦争が勃発し、株式市場全般が低落の状況のなか、八月末には、ついに五〇二〇円の最高値を記録した。

加藤が、日々の売買記録を取り纏めた膨大な資料がある。すべてが残されている訳ではない

地産グループを率いた竹井博友

が、本州製紙が最高値をつけた翌日の九〇年八月三十一日のものを確認すると、当時加藤が手掛けていた主な銘柄は「本州製紙」「常陽銀行」「東邦銀行」「東急車輛」「昭和海運」「太平工業」である。資金の借入先は四十二社で、これをグループ会社の七社を中心に振り分けており、加藤のグループだけで本州製紙の保有株は二二九一万株あった。「本州製紙　手口の内訳」と書かれた書類には、出来高総合計四二〇万八〇〇〇株がどこの証券会社の注文だったかも克明に書き取ってあった。加藤は集めたデータをもとに、日々の資金繰りを調整し、どの株をどれだけ、どの証券会社を通じて売り買いするかを決めていく。想像しただけでも気が遠くなるような作業だが、それを日々やってのける明晰《めいせき》な頭脳があったということだろう。

一兆三〇〇〇億円まで膨らんだ投資額

加藤は、誠備事件の逮捕を経て保釈され、バブル絶頂期を迎えた九〇年までの数年間を振り返り、「ゼロからの出発で、投資金額は成功の連鎖によるプラス効果で一兆三千億円まで膨れ上がった」とのちに大口顧客獲得のために作成した資料に記している。本州製紙が最高値を付けた瞬間こそ、彼にとってバブルの頂点だったのだ。

加藤のグループ会社の元役員だった高校の同級生、八木明男（仮名）が打ち明ける。

「当時の加藤は、バブル紳士と言われた大体の人と面識があった。本州製紙の仕手戦で、最後に

3862：本州製紙　手口の内訳　平成2年8月31日（金）

売り			買い		
当社売り	株数（千株）	証券会社名	証券会社名	株数（千株）	当社買い
	606	日興	日興	403	
	245	コスモ	野村	370	
	234	三洋	三洋	321	
	194	西日本	第一	233	
	172	今川	太平洋	220	
	172	野村	山一	220	
	160	丸万	センチュリー	154	
	145	和光	大和	137	
	128	山一	山種	119	
	100	内外	日の出	114	
	96	明光	協栄	114	
	90	協栄	菱光	109	
	88	センチュリー	東洋	81	
	86	日の出	ナショナル	80	
	71	三澤屋	三澤屋	70	
	68	平岡	水戸	66	
	61	モルガン	和光	55	
	60	太平洋	西日本	54	
	59	第一	中央	57	
	54	岡三	阪成	50	

< >　　< >

出来高総合計　4208　千株

当社売り関与率　　%　　当社買い関与率　　%

加藤は日々の売買を記録させ、データを集めていた

駆け込みで加わったのは、小糸製作所株の買い占めで窮地に陥っていた麻布建物グループ代表の渡辺喜太郎《きたろう》さんでした。彼は『これで何とか助けて欲しい』と約二〇〇億円を突っ込みましたが、その直後に株価が急落。すべては泡と消えました」

渡辺は戦災孤児から身を起こし、中古車販売業や不動産で成功を収めて一代で資産を築き、米経済誌『フォーブス』に世界六位の富豪と紹介されたバブル紳士である。仕手集団「光進」の小谷が仕掛けたトヨタ自動車系の部品メーカー、小糸製作所の仕手戦で、筆頭株主に躍り出たものの、小糸側にもトヨタ側にも株の買い取りを拒否されていた。その挙げ句、譲渡した米国の著名な投資家、ブーン・ピケンズが〝乗っ取り屋〟批判に晒され、結果として渡辺は巨額損失を被ることになるが、何とか別の銘柄で一矢報いたい気持ちがあったのだろう。地産の竹井から「必ず六〇〇〇円台にまで値を上げるから」と本州製紙株の購入を持ち掛けられ、渡辺は八月下旬に関係会

社名義で六〇〇万株余を購入していた。

一方、稲川会の石井は、一九八九年四月頃から、東急電鉄株を買い続け、最終的には約二九〇〇万株を集めた。加藤グループだけでなく、光進の小谷、地産グループ、安達グループ、さらに〝北浜の女相場師〟と呼ばれた料亭経営者の尾上縫《おのうえぬい》やイトマン事件の主役の一人である許永中の富国産業まで、名立たる面々が東急電鉄株の仕手戦に参入。当初は一七〇〇円台を行ったり来たりしていた株価は、野村證券が注目銘柄として強力に推奨したこともあって十月に二〇〇〇円台に乗り、十一月には三〇六〇円の最高値をつけた。しかし、石井は売り抜けることはせず、株価が下落しても東急電鉄株を抱えたまま、手放そうとはしなかった。当時の石井は、六本木のホテルアイビスを拠点にしていた占い師の安部ではなく、大分県の別府市に住む祈祷師の男に傾倒していた。男は石井の自宅に金粉を降らせ、五色に輝く〝竜の玉〟を石井に授けた。それはまやかしに過ぎなかったが、彼の占いで、「五〇〇〇円まで上がる」との〝お告げ〟を石井は信じていたという。

住友銀行青葉台支店浮き貸し事件

当初、加藤の本州製紙株の仕手戦には石井は加わっていなかった。夏に天井を打って以降、株価が下落するなかで、竹井が売りに転じているとの情報を得た加藤は石井に対し、竹井に引き続き買い支えるよう釘を刺すことを頼んだ。これを機に石井もまた、なけなしのカネを掻き集めて本州製紙株を必死に買い支えた。さらに周囲にも呼び掛けたが、万事休す。決定打となったのは九〇年十月五日に東京地検特捜部が着手した住友銀行青葉台支店の出資法違反（浮き貸し）事件だった。

青葉台支店の二人の歴代支店長らが、光進の小谷と加藤に銀行の顧客を紹介し、総額約四三九億円の融資を不正に仲介していた。仕手戦と住友銀行との関係がクローズアップされたことで、事件からわずか二日後、住友銀行のトップである磯田一郎会長は早々に辞任を表明した。すでにこの時、磯田の長女がイトマン社長の河村良彦に持ち込んだ絵画取引から始まるイトマン事件の疑惑が取り沙汰されており、事態の沈静化に先手を打った形だった。一連の捜査は加藤にも及び、自宅や関係先にも家宅捜索が入った。当時、小学六年生だった加藤の長男、恭が回想する。

「母から『今日は学校に行かなくていいから部屋でゲームをしていなさい』と言われた記憶があります。のちに、先生が『お父さんは悪い事をしたけど、加藤君は関係ないでしょう』と言ったことで、逆に苛《いじ》められることになった苦い思い出もあります。小学校低学年の頃は、父の仕事が理解できておらず、作文に『父は七つの会社のオーナーで、中曽根さんと友達で……』と書いていました。父とは一緒に暮らしていても、家族で食卓を囲むことはなく、会えないので手紙を書いていました。青葉台事件の影響があったからなのか、中学時代には、授業風景を撮影するために教室にテレビカメラが入る予定が、何かあると大変だからと、急遽《きゅうきょ》別のクラスに変更になったこともあります」

青葉台事件の捜査は、加藤にとっては大打撃だったが、誠備事件で煮え湯を飲まされた検察当局には、復活した加藤を追い詰める、またとない好機だった。検察は本州製紙の仕手戦の相場操縦についても捜査の視野に入れていたのだ。

住友銀行青葉台支店の浮き貸し事件で、執行猶予付きの有罪判決を受けた元支店長の山下彰則が当時を振り返る。

「最初からおかしな事件でした。元は小谷の証券取引法違反から入ったはずなのに、当初検察に呼ばれた時に罪状を尋ねても『いろいろある。今は言えない』の一点張りでした。磯田さんの辞任はイトマン事件が主要因だったと思いますが、融資の仲介は、磯田さんの『向こう傷は問わない』という言葉に象徴される当時の住友銀行では、当たり前にあったこと。謝礼を受け取ったことは反省していますが、小谷は以前から住友銀行の顧客でした。加藤さんは誠備事件もあって、銀行と直接取引は出来ない相手だと思いました。ただ、高裁判決でも無罪は間違いないと聞き、銀行の収益増に繋がればと店頭公開を控えた企業経営者などを紹介したに過ぎません」

三億円事件 〝立川グループ〟の元メンバー

山下は、小谷から紹介された国際弁護士を自称するコンサルタント、赤木誠一（仮名）を通じて加藤と知り合っている。赤木は山下とともに逮捕されたが、のちに無罪判決を受けた。小谷は、国際航業株を買い占め、乗っ取りを図った際に社内に正常化委員会を設置したが、そこで赤木を「米国に事務所を持ち、大蔵省にも顔が利く」と紹介してメンバーに加えてもいた。赤木は小谷と稲川会の石井とを結び付けたキーマンでもあり、石井は彼のことを「先生」と呼んでいたという。加藤の妻、幸子が明かす。

仕手集団「光進」の小谷光浩

「国際弁護士ではないですが、国際通で、暴力団から政治家まで幅広い人脈があった。のちに首相になる安倍晋三さんとは昔から昵懇の仲だと本人から聞いたことがあります。あの三億円事件にも関係しているという謎多き人でしたが、その後は長く主人の仕事の協力者でした」

昭和事件史に残る三億円事件は、一九六八年十二月十日に発生し、七年後に未解決のまま公訴時効を迎えている。赤木は、重要参考人とされながら自殺した元白バイ隊員の息子と同じく地元の不良少年たちで構成される〝立川グループ〟の元メンバーだった。都内の高校を中退後、職を転々としていたが、事件の翌年には乗用車を新車で購入し、喫茶店を経営するなど羽振りがよくなり、さらに不動産会社や金融会社まで設立。三年間で数千万円の現金を動かしていたという。捜査本部は、七五年十二月十日の時効目前に〝最後の容疑者〟として赤木の周辺を再捜査していた。七五年十月、赤木は別件の恐喝事件で任意聴取を受けると、所用でハワイに飛んだが、疑惑を払拭するとして十一月十五日に帰国した。空港で待ち構えていた捜査四課に逮捕されたものの、三億円事件への関与は否定し、恐喝容疑についても強く否認。三億円事件はこうして時効を迎えた。のちに赤木は周囲に「（羽振りがよかったのは）親が資産家だっただけだ」と説明している。大物右翼として知られ、戦時中は香港総督府、関山機関を運営し、戦後は、興論社の社主などを務めた関山義人のもとに預けられていたこともあると話し、三塚博ら政治家にも一定の人脈を持っていたという。そのうちに株の世界に足を踏み入れ、事務所が六本木にあったことから六本木筋などと呼ばれることもあった。

今回、加藤との関係について改めて赤木に取材を申し入れたが、会社を通じて「お断りさせて頂く」と答えるのみだった。

〝仕手サミット〟の開催

赤木は、本州製紙の仕手戦にも加わり、加藤と香港の投資家との繋ぎ役も務めていたという。

その後、株価の下落で追い詰められた加藤は、香港の投資会社「ディトゥカ社」のオーナーで、シンガポールの実業家として知られた黄鴻年《ウィホンリョン》に株式買い取り権を売却する〝最後の奇策〟に打って出た。それはディトゥカ社が一九九一年二月末までに本州製紙株一億四一四八万株余（発行済み株式の約三三％）を一株三〇〇〇円で買い取るオプション契約と呼ばれるものだった。加藤は事前に、麻布建物グループの渡辺、地産の竹井、安達グループの安達、そして加藤とは誠備時代からの付き合いの木倉功に根回しをし、九〇年十二月五日に契約が未成立の段階で公表に踏み切った。

株式市場では、大蔵省が十二月一日から証券取引所に〝五％ルール〟を導入。発行済み株式の五％以上を持つ株主に、所有株数や所有目的、資金源などの公表を義務づける新ルールにより、以前のように水面下で密かに株を買い占めることが難しくなり、本州製紙側への経営参加を希望するディトゥカ社側が、記者会見を行なったのだ。オプション契約に際して、品川にある渡辺喜太郎の自宅で、前述の加藤を始めとする有名仕手筋の代表五人が一堂に会した〝仕手サミット〟なるものが開催されたと言われ、最終的に日本国内の法人、個人合わせて三十五者との間で契約が交わされたとみられていた。

そして、二一四〇円だった株価は二五四〇円まで上がったが、その後は仕手筋の株価吊り上げではないかとの見方が広がり、ズルズルと下げて翌年の一月二十五日には一〇五〇円の安値をつけた。結局、オプション契約は行使されず、株価操作の疑いだけが残る結果となった。

その煽りを食ったなかには、バブル時代を象徴する、ある金融機関の関係者もいた。それが、協和信用組合の元理事長、荒井道雄である。台湾華僑系の信組として設立された協和信組は一九八二年に荒井の前任の理事長ら元幹部三人が不正融資による背任容疑で逮捕され、信用の失墜と資金繰りで窮地に喘《あえ》いでいた。そこに救世主として現れたのが、「イ、アイ、イ」の高橋治則である。多額の不良債権に加え、大口預金者が一〇億円の預金を引き揚げてしまったことで途方に暮れていた時、高橋は人脈を駆使し、瞬く間に一〇億円を超える預金を集めてみせた。この功績により協和信組側は高橋を非常勤理事から副理事長に抜擢。荒井は自らが経営するパチンコ店の経営も高橋に継承して貰っていたという。そして高橋は八五年に協和信組の理事長を任され、東京協和信用組合として新たにスタートを切った。のちに東京協和信組は、高橋が東京地検特捜部に逮捕された〝二信組事件〟で注目を集めることになる。

実は、荒井はかねてから加藤の顧客の一人だった。本州製紙の仕手戦では、理事長を務める在日華僑系の協同組合「中央経済協同組合」から融資の形で自らの関連会社にカネを流し、計約八〇億円を投じて本州製紙株二四〇万株を買っていたという。その後、株価の下落で目も当てられない状況に陥り、オプション契約に望みを繋いだが、その計画も泡と消えた。

サッと五〇億円を差し出した人物

こうして魑魅魍魎《ちみもうりょう》が集ったバブル最後の仕手戦は、九一年六月に東京地検特捜部が起訴した三四億円にのぼる竹井博友の巨額脱税事件と九一年九月の石井進の死によって完全に幕を閉じた。

〈5000円までカラウリをふませた。相場に勝って勝負に負けた〉

加藤は自筆のメモにこう記しているが、その果てに残されたものは、金主からの激しい追い込みと多額の債務を抱えた企業グループの後始末だった。安達グループが作成した〈昭徳に対する貸付について〉と題された文章によれば、加藤側は安達側に対し、東急車輛などの株式を担保に差し入れる形で九〇年三月十二日に一〇〇億円、三月二十六日に一〇〇億円を借り入れている。その後も、繰り返し借り入れを申し入れ、「昭徳グループでは、時価で二〇〇〇億円相当の株式を持っている。夫々《それぞれ》金融機関に担保に入っているが相当な含み益となっているので、株式を売れば何時でも返済できる。ただ自分のところが中心になって買っている銘柄なので、自分のところが市場で売ればすぐに株価に影響する。今が一番大事な時期なので貸して欲しい」などと説明。

正気の沙汰とは思えない資金繰りの様子が克明に記されていた。加藤の同級生の八木が述懐する。

「私も知人の会社社長に本州製紙株を勧め、莫大な損失を負わせた。正気を失った社長の姿をみて奥さんに泣きつかれましたが、私もすべてを失って死ぬか生きるかの状況だった。加藤は『お前、苦しいだろ』と言いましたが、資金繰りも含め、本尊の加藤が私の何倍も苦しんでいることは誰より知っていましたから、『そっちの方が苦しいだろ』と。みんな勘違いしています。加藤は売り逃げるんじゃない。一度売って味方に儲けて貰う場面を作っても、そこからさらに高いと

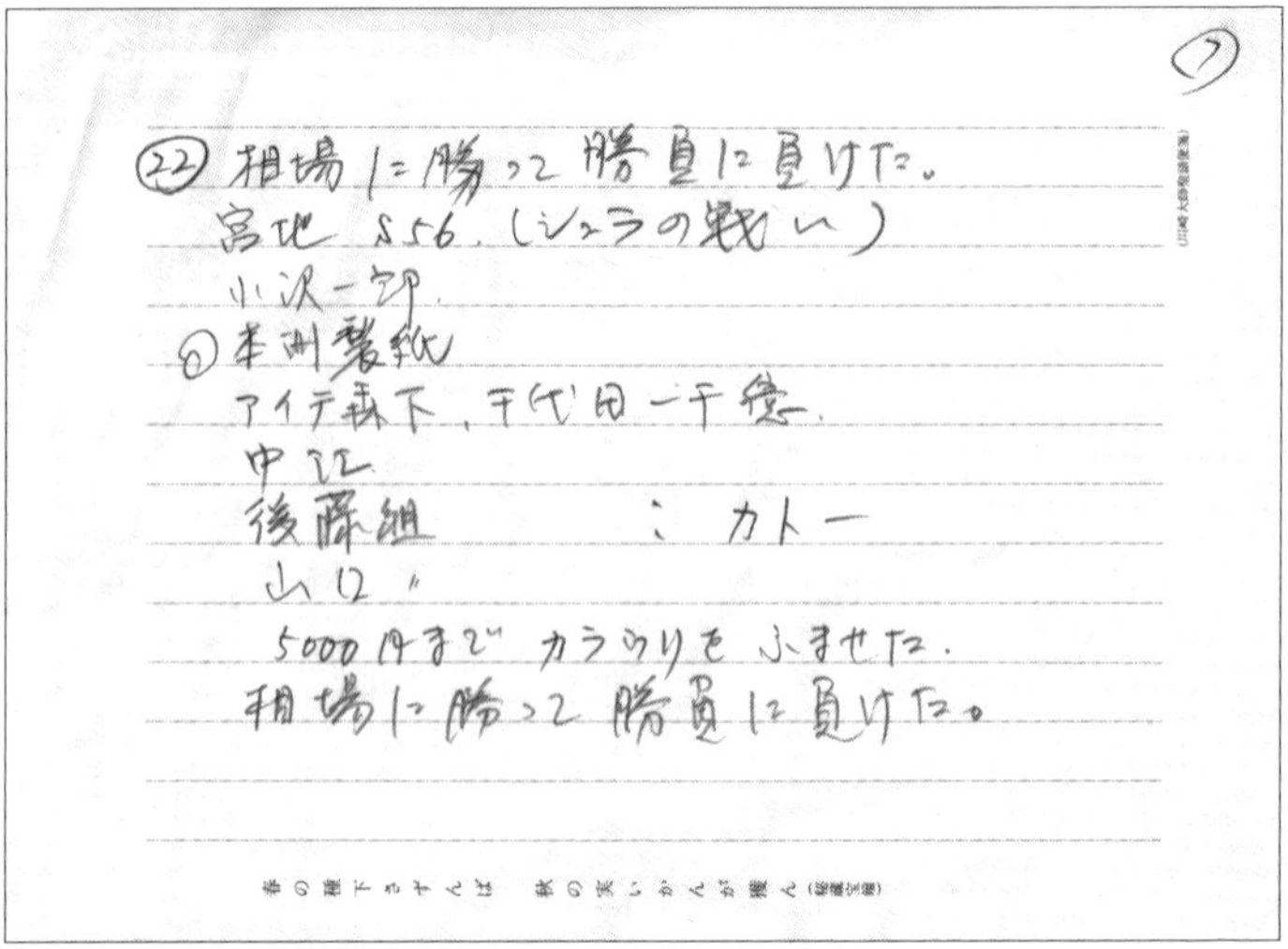

「相場に勝って勝負に負けた」と綴られた加藤の自筆メモ

ころを買って行き、最後は抱えたまま倒れてしまうんだ」

仕手戦とは売り方と買い方との心理戦。仲間が裏切って売りに回れば株価は値崩れする。常に疑心暗鬼が渦巻く非情な世界だ。幸子が語る。

「本尊が売り抜けられず、『今回はうまく行きませんでした』とは言えない。主人は『次に儲けさせますから』と強気で押し、相場で勝ち続けるのが自分の使命だと思っていました。バブル崩壊で会社を軒並み整理した時は本当に大変でした。ただ、祈れば道が開けるもので、『いくらあれば乗り切れるの?』と声を掛けてくれたのが一億円拾得事件の当事者だった京都の久保田家石材の木倉さんでした。久保田家石材にはいい時には何百億円も儲けて貰っていましたから、サッと五〇億円を差し出してくれた」

その五〇億円を奪い合うようにして加藤の

元から側近たちは次々と去った。そして、すべては雲散霧消した。

保証人は元法相――加藤に流れた一〇〇億円の〝佐川マネー〟

一〇〇億円単位のカネが紙屑のように舞ったバブルが崩壊し、そこで露呈した稲川会の石井と野村證券、日興証券との蜜月は、証券スキャンダルへと発展。国会でも厳しい追及がなされた。そして、バブルの膿《うみ》をすべて吐き出すかのように一九九二年二月、東京佐川急便事件が火を噴いた。東京佐川急便から石井関連の企業など四十一社一個人に流れた資金の総額は約四九〇〇億円にのぼり、企業犯罪としては空前のスケールとなった。加藤もまた東京佐川の渡辺が経営に関わる「平和堂グループ」から関連会社を通じて一〇〇億円の融資を受けたことが明らかになり、その連帯保証人には元法相の谷川和穂本人が名を連ねていた。

谷川は、平和堂グループの社長、松沢泰生にも二度ほど面談しており、一連の手続きは、永田町でも名前が知られた谷川の秘書が担った。なぜ谷川は、敢えてリスクを冒してまで保証人に名前を入れたのか。その謎を解く鍵は、加藤の遺品のなかにある一通の手紙にあった。表には「加藤様」と手書きの文字があり、裏には「自由民主党副幹事長　衆議院議員　谷川和穂」と印刷され、その秘書の名前が自筆で添えられている。これは郵送された手紙ではなく、谷川が自民党副幹事長だった八七年十一月から八九年五月の間に、秘書が加藤側に渡したものだと思われる。そ

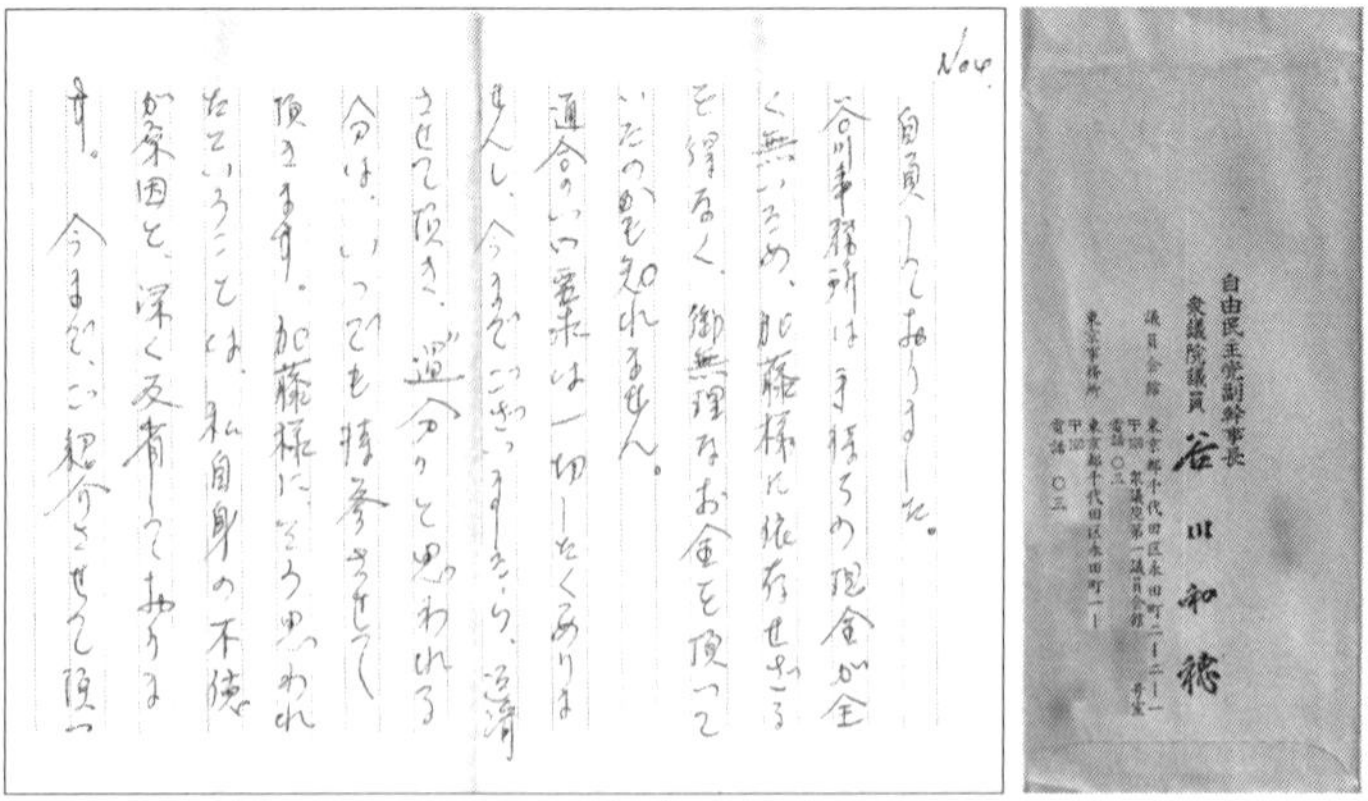

No.4.

自重しておりました。
谷川事務所は手持ちの現金が全
く無いため、加藤様に依存せざる
を得なく、御無理なお金を頂って
いたのかも知れません。
通合のいい要求は一切したくありま
せんし、今までございませんから、返済
させて頂き、"過分"と思われる
分は、いつでも持参させて
頂きます。加藤様に、そう思われ
たということは、私自身の不徳
が原因と、深く反省しておりま
す。今まで、ご都合させて頂い

自民党副幹事長を務めていた谷川和穂の秘書が加藤に宛てた手紙

れはこんな書き出しだ。

〈加藤様　日頃、身に余る御厚情と御支援を頂き、谷川事務所一同加藤さんに心から感謝しております〉

そして、谷川自身が加藤と初めてホテルオークラで会食した後に、「昔から同心の世界で生きてきたような気がする。初めての出逢いとは思えない」と話していたと打ち明けている。そして、文面はこう続く。

〈加藤さんの秘密も、苦労も、私には赤裸々に語ってくれ、私は、加藤さんと、一心同体のつもりで歩んできたつもりです。（誠備）事件以来、ここまで力をつけてきた加藤さんに、人間として、男としてのロマンを感じ、側近として追《つ》いてきたつもりです。

加藤様から、昨日、二人きりになった時、〝通合のいい時に要求する〟〝[redacted]さんには過分のリベートを払っている。[redacted]さんは忘れているかも知れないが、一覧表を見せましょう〟と言われました。（中略）谷川事務所は手持ちの現金が全く無いため、加藤様に依存せざるを得な

く、御無理なお金を頂いていたのかも知れません〉（●は実際の手紙では実名）

内容からは、加藤の気分を害してしまうような〝何か〟があったことが推察されるが、そこから先は、加藤のために武富士の会長、武井保雄や社長の秋葉節一（住友銀行出身で、住友クレジット・サービス社長から八二年に武富士に転じ、八四年一月に辞任）など、顧客となり得る有力者を複数紹介して来た〝実績〟が記されている。

〈皆が警戒し、疑いを持ちながらそれを時間をかけてときほぐし、ハッタリも言い、加藤様と〝縁結び〟をするまで、私自身の並々ならぬ〝心の努力〟がありましたことだけを訴えて、静かに去らせて頂きたいと存じます〉

決別を匂わせつつも、この秘書は、〈影ながら加藤様の発展の黒子役は続けますので、ご安心下さいませ」とも綴っている。

前述の平和堂グループから加藤の「出雲物産」が一〇〇億円の融資を受けたのは、八九年一月。加藤側は、金沢市堀川町のＪＲ金沢駅前の土地約一万七〇〇〇平方メートルを担保として用意したが、評価額は五〇億円前後しかなく、平和堂の松沢から連帯保証人を要求された末に、谷川ら四人の印鑑証明と委任状を提出して契約を結んでいる。約四カ月後には返済がなされているが、この一連の融資の構図は、『朝日新聞』が一九九二年の元旦の一面で「連帯保証に谷川元法相名　旧誠備系への１００億円融資　佐川急便調達」とのタイトルでスクープしている。このなかで、谷川は「どの印鑑証明のことか、わからない。当時の公設秘書が加藤代表に政治資金づくりについて相談したことはあったようだ。保証人などに私の名前を使うことで、私に（資金が）回り回って入ってくると秘書が期待したのだと思う」と答えていた。だが、その後の九二年二月十四日、東京地検特捜部が、東京佐川の強制捜査に乗り出し、秘書宅を家宅捜索すると、「加藤代表とは十年以上前から付き合いがあり、株も教えてもらった関係で、秘書を通じて連帯保証の契約書にも判を押した」と事実関係を認めている。件の手紙の時点で加藤との関係が拗《こじ》れ、忠誠心を試されたことで、谷川側は越えてはいけない一線を越えざるを得なかったのだろう。

一〇〇億円は、平和堂グループが東京佐川側の債務保証によって調達したものであり、渡辺や松沢は加藤側に融資することで恩を売り、有力な株情報を手に入れたい思惑があったことは明白だった。渡辺は、〝佐川マネー〟を使って加藤の仕手戦に参入していく平和堂グループの松沢に、「加藤は顧客が一〇〇人いれば、九五人を殺す男だ。加藤の仕手に乗るなら、生き残る五人に入れ」とハッパをかけたという。

加藤の遺品のなかには、平和堂グループとの契約書の雛形《ひながた》や夥しい数の金沢の土地を巡る資料が残されていた。

「新しい風の会」と最後の大相場

東京佐川急便事件の公判では、検察側冒頭陳述で加藤や小谷などの仕手筋が次々と登場し、バ

金銭消費貸借契約書

貸主平和堂不動産株式会社（以下甲という）、借主株式会社出雲物産（以下乙という）、ならびに連帯保証人　　　、　　　、　　　、　　　（以下丙という）は、以下のとおり金銭消費貸借契約を締結した。

第１条　甲は、次条以下の約定をもって、昭和６３年　　月　　日までに金１００億円也を貸し渡すものとする。若し期限までに貸し渡しが実行されないときは、本契約はすべて効力を失う。

第２条　貸付金の返済期限は、昭和　　年　　月　　日とする。

第３条　利息は年８％とし、貸付日より２ケ月後に２ケ月分の金利を、４ケ月後に２ケ月分の金利を、さらに返済期限の日に元金とともに２ケ月分の金利を、それぞれ返済するものとする（返済の場所は、甲の現時の住所又は指定の場所に持参又は送金の上支払うものとする）。

第４条　乙が期限到来しても支払わないときの遅延損害金は年２０％とする。

第５条　丙は、乙の甲に対する一切の債務につき、乙と連帯して履行することを甲に保証する。

第６条　乙又は丙の一人でも次の事由の一つに該当したときは、甲からの通知催告なくして当然に期限の利益を失い、残債務全額を即時に支払う。

１、元利金の支払いを１回でも怠ったとき。

譲渡担保権設定契約書

債権者平和堂不動産株式会社（以下甲という）と債務者株式会社出雲物産（以下乙という）との間で次のように契約する。

第１条　甲は乙に対し、本日金１００億円を貸付け、乙はこれを受領した。

第２条　右返済期日は、昭和　　年　　月　　日とする。

第３条　利息は年８％とし、貸付日より２ケ月後に２ケ月分の金利を、貸付日より４ケ月後に２ケ月分の金利を、さらに返済期限の日に元金とともに２ケ月分の金利を、それぞれ返済するものとする。なお、返済期限後の遅延損害金は年２０％とする。

第４条　右元利金の支払を担保するため、乙はその所有にかかる別紙物件目録記載の４７筆の土地および１筆の建物（以下本件不動産という）を甲に譲渡し、かつその所有権移転登記をする。

第５条　乙が第１条の債務を完済したときは、甲は本件不動産の所有権を乙に返還し、所有権移転のための移転登記をする。

第６条　乙が第１条の債務の履行を怠った場合には、甲はその選択に従い、帰属清算、または処分清算の方法によって本件不動産を順次、または一時に全部換価し、その代金をもって第１条の債権の弁済に充当することができる。

　なお、この場合、本件建物に附随するパチンコ店の営業権についても、甲の選択で、甲に帰属させることができる。

東京佐川急便・渡辺広康が経営に関与した平和堂グループと加藤の出雲物産との間で結ばれた100億円の融資を巡る契約書の雛形

ブル紳士が絡み合った人脈が浮き彫りとなった。「兜町の錬金術師」と呼ばれた小谷光浩は、一九九〇年七月に藤田観光株の相場操縦事件で逮捕され、さらに九一年三月の蛇の目ミシン工業に対する恐喝事件で懲役七年の有罪判決を受けた。小谷は後年、民事訴訟事件で提出した陳述書のなかで、〈いわゆる「バブル経済時代」には、数多くの上場企業に投資し、平成元年（一九八九年）十二月には、当時の日本では初めてと言われた敵対的買収により、国際航業のM&Aに成功して、マスコミにもかなり騒がれました〉と誇らしげに振り返っているが、事件後、兜町では彼の名前は忘却の彼方へと消えていった。加藤は検察当局による包囲網が狭まるなか、誠備事件の教訓を活かしつつ、司直の追手からは免れた。

それは、誠備事件の対応で力を借りた對馬邦雄が、住友銀行青葉台支店の不正融資事件以降も、検察ＯＢからアドバイスを受けながら加藤をサポートしていたからでもあった。検察ＯＢの一人は、ロッキード事件の際に東京地検の次席検事としてスポークスマンを務めた豊島英次郎だったという。ロッキード事件では、「灰色高官聴取」を巡って豊島が記者にリップサービスし、各社が〝誤報〟したことで、自民党が法務省に猛抗議する一幕があったとされる。それが一因となって豊島は出世レースからは外れ、のちに名古屋高検検事長で退官した。對馬は生前、豊島について「柔道五段の猛者で、言葉遣いは荒いが、一番世話になった検察関係者だ」と語った。

東京佐川急便事件は、政治の闇を次々と白日の下に晒した。八七年の自民党総裁選に出馬を表明していた竹下登に右翼団体「日本皇民党」が「ほめ殺し」攻撃を続けた一件では、自民党副総裁の金丸信が、東京佐川の渡辺の仲介で、稲川会会長の石井に依頼して、皇民党を抑え込んだ。石井に借りが出来た渡辺は、石井への債務保証を加速させ、一方で政界との関係をさらに深めていく。そして東京佐川から金丸への五億円の闇献金が浮上するのである。ところが、検察当局が金丸の事情聴取も行なわず、上申書と二〇万円の罰金で済ませたことで、検察批判の声が日増しに高まり、ついに霞が関の検察庁の石板に黄色いペンキがぶちまけられるのだ。政権中枢にいた竹下派は分裂を余儀なくされ、検察は国税当局の協力を仰ぎつつ、翌九三年には金丸を別の脱税事件で逮捕して何とか面目を保った。加藤は東京佐川急便事件で、政界に流れた佐川マネーについて、〈原点はＫＡ（加藤暠）だった〉とだけメモに書き残している。

その激動の時代を水面下で、息を潜めて活動していた加藤が、再び表舞台に姿を現したのは、阪神大震災後の一九九五年五月。株式投資の勉強会「新しい風の会」を立ち上げ、設立趣意書で復活を宣言したのである。

〈乱世のとき、その苦しみにつぶれる人もいれば、苦しみを乗り越えて花を咲かせる人もいます。その違いは、この混乱の今をどう生き、どう捉えるかにかかっています。私はこれまでの人生で、混乱の中を生き抜く知恵を学んでまいりました〉

初めてセミナーが開催された麹町の食糧会館（当時）には、入場希望者が殺到し、会場に入りきれない人が列を成した。翌年二月から発行された機関紙『新しい風の会』は、兜町の書店で発売日に即日完売。噂が噂を呼び、その後は印刷所にまで押しかけ、百部を纏め買いする人も現れたという。機関紙第一号の一面には、野村投資顧問相談役で、当時の日本証券アナリスト協会の会長、上條俊昭が写真入りで登場している。そこで〈個人投資家のすそ野がさらに大きくならなければ、強い資本主義の基盤はできません。個人株主の投資活動が活発になればなる程、企業が繁栄し、経済に輝きがはなち始めます。その意味で「株式投資魅力」を増大させることが株式市場の再活性化策の決め手と言えます〉などと提言を行なっている。

頁をめくると、加藤の大きな写真が現れ、「新しい風の会・加藤暠代表96年を語る」と題するインタビューが掲載されていた。加藤は、新しい風の会の会員から贈られたサムエル・ウルマンの詩集から「青春」の一節、〈年を重ねただけで人は老いない。理想を失うとき初めて老いる〉に痛く感銘を受けたと述べ、新しい風の会は株式を勉強して財産を増やす勉強の場であると意気揚々と語っている。上條の寄稿文は、すぐに物議を醸し、上條は謝罪を余儀なくされた。加藤とは一面識もなかったが、「世間に対して公正、中立であるべき当協会、証券アナリストが特定グループに肩入れしているかのごとき印象を与えることになったことを深く反省している」との謝罪文をアナリスト協会の会員約一万人に送付。そして四カ月後に協会の会長職を退いた。

加藤の復活には初っ端《しょぱな》からケチがついたが、それでも勢いは止まらなかった。セミナーは毎回盛況で、参加者は登壇した加藤が長時間の講演の最後に漏らす推奨銘柄に飛び付いた。バブル崩壊で低迷する株式市場に加藤の大相場が訪れようとしていた。

焼け跡に咲いた一凛の仕手株

「野中の一本杉は、万人弱気の中で、大踏み上げ相場によって展開されることは、いわば歴史的必然です」

加藤は新しい風の会を立ち上げると同時に、ダイヤルQ2サービスを使った音声メッセージでこう語りかけた。〝野中の一本杉〟とは、下落相場のなかで、唯一逆行高を続ける銘柄を指す。
「兼松日産農林の株価は、そうした個人投資家の夢と希望をいっぱいに背負いながら、再び天高く、力強く飛翔しようとしている」

学び、楽しみ、
財産をふやし、
まわりの人の
幸せを考える

新しい風の会

2月1日(木) 第1号

特別寄稿

転換期を迎えた日

株式活性化への提言

日本証券アナリスト協会会長
野村投資顧問㈱相談役 上條 俊昭

景気回復に総力あげよ！

新しい風の会 発刊の辞

阪神大震災の後に加藤が発行した機関誌の創刊号

加藤が推奨した兼松日産農林は、当時マッチ製造の老舗として知られた。九五年五月に五〇〇円台だった通称マッチの株価は、途中売りを吸収しながら翌年七月には五三一〇円の最高値をつけた。稀にみる出世株の出現に、投資家は競って飛びつき、伝説の仕手戦は明暗を分けるドラマを生んだ。『日本経済新聞』は、九六年一月三十一日付の「阿衡《あこう》」名のコラム「大機小機」で、「加藤暠氏に問う」と題し、過熱する仕手株人気にこう冷や水を浴びせた。

〈賢明なあなたのことですから、二度と失敗しないように知恵を絞っておられるでしょうが、基本的な投資姿勢は誠備時代と何ら変わりはなく、その前途に危ういものを感じざるをえません〉

これに対し加藤は、二月一日発行の機関紙『新しい風の会』創刊号で早速この件に触れ、「一寸の虫にも言わせてもらえれば…」と称する反論文を掲載した。

〈私はいままでマスコミに批判され、罵詈雑言の言われ通しでした。東洋経済新報社が発行している「オール投資」という雑誌の中でも、私は何回かKという名前で批判されてきました。他人から誤解されるのは私自身が至らないからであって、怒りも憎しみもまったくもっておりませんけれども、ともかく人間扱いされたことはなかったのです。今度はじめて阿衡さまから人間扱いのご意見を頂戴して、嬉しく思いました〉

加藤はまず、こう皮肉を込めたあと、〈力任せで株価を押し上げることの云々は事実にもとづかないいわれなき誤解です〉と嚙み付いた。そして、新しい風の会には会費もなく、入会条件は機関紙の購読のみ。あくまで投資対象の選択は自主判断、結果は自己責任であると強調した。加藤は同時に日経新聞側にも反論文を持ち込み、二月九日の紙面にはその要旨と日経側の反論が載ったが、最後は「（加藤は）取材に応じず、現在の仕手系株相場の実態は雲に覆われている」と結論付けられていた。一部の投資家からは加藤支持の声があがったものの、玄人筋は、本来正体を隠すべき仕手の本尊が自ら進んで表に出ることに冷ややかな反応だった。それでも口を挟まずにはいられないのが加藤だった。日経ブランドというエスタブリッシュメントへのルサンチマンと強烈な承認欲求が、彼を衝き動かしていた。

八七年十月のブラックマンデー以降、多くの仕手の本尊が悲惨な最期を迎えた。コスモ・リサーチの見学《けんがく》和雄は、京都・南山城村《みなみやましろ》の山林でコンクリート詰めの死体で見つかり、コスモポリタンの池田保次《やすじ》は新大阪駅から忽然と姿を消した。二人と並んで〝北浜の御三家〟と呼ばれた日本土地の木本一馬は会社が倒産した三年後に、豊中市の自宅で自殺した。加藤もいくつもの地獄をみてきたが、それでも這《は》い上がってくる胆力に多くの投資家が期待を膨らませた。

ここに一通の手紙がある。日付は九六年三月十三日で、差出人は「荒井道雄」。手書きの手紙とともに荒井の個人会社の名刺も同封されている。荒井は、本州製紙株の仕手戦で、加藤側が講じた最後の奇策、オプション契約の不成立により、致命的なダメージを負った協和信組の元理事長である。当時、在日華僑系の協同組合「中央経済協同組合」の理事長だった荒井は、「融資限度額は一件一億円」という内規を無視し、自らの関係会社に四七億円を融資。これに自己資金を加え、約八〇億円を本州製紙株に流し込んでいた。しかし、大暴落で、融資金の回収ができず、組合員の預金の支払いが一時停止される事態にまで陥り、刑事事件に発展する可能性を指摘する声もあったという。

荒井の手紙は、〈突然の書信恐縮に存じます。ご無沙汰致しております〉という言葉で始まり、こう続く。

〈本州製紙以来、ずっとお世話様でした。一年半前以来、貴殿より連絡が途絶へ《ママ》てから小生は投資を中止しました。この度、資金の余裕が出来ましたので、再度貴殿のご指導を願い度《たく》、お電話及び携帯にも毎日ご連絡を差上げましたが継《ママ》りませんので困っております。貴殿にお会いして今

後のご指導と方針条件等打合せ致し度存じます〉

仕手株に嵌り込んだ者は、たとえ手痛い目に遭っても、一時の成功体験が忘れられず、再びカネの匂いに吸い寄せられて来る。加藤は、こうした投資家たちの剝き出しの欲望を何度も目の当たりにして来たに違いない。

ロッキード事件の〝当事者〟シグ片山との因縁

しかし、九六年のマッチの株価は、五三一〇円で七月四日に天井を打った後、釣瓶落《つるべお》としとなっていく。月末には三五〇〇円まで下げ、下落率は三四％に達した。加藤は当初、投資仲間だった店頭公開企業の社長が裏切って売り方に回り、それに釣られた狼狽《ろうばい》売りが増え、株価が暴落していると一部の会員らに説明していたという。そして、「まだ多少株価は下がるが、もう少しで買い支えるから、そのまま株を持っていて欲しい」と懇願した。裏切ったとされる社長は過去に加藤への巨額融資が焦げ付くなど、不信感を募らせていたことは確かだが、兜町ではリクルート株をダイエーに譲渡し、多額の売却益を得ていた江副浩正が空売り攻勢を仕掛けたともっぱらだった。

さらに、他にも気になる動きはあった。マッチの株を信用取引で空売りした大阪の投資家など三名が、加藤と大阪証券取引所、日本証券業協会を相手に損害賠償を求める前代未聞の民事訴訟を提起していたのだ。裁判資料によれば、原告は電力会社を定年退職した技術者と贈答品店の経営者、損害保険代理店の経営者で、損失額は三人併せて約一億七五〇〇万円。彼らは自分たちの投資が「経済合理性と市場の公明性への信頼に立脚した、極めて健全なもの」であり、「せいぜい年利回り六パーセント程度の利益を目標とする堅実な投資を心掛けていた」と主張した。そして、加藤の〝踏み上げ相場〟は、空売りを巧みに誘い込み、売りが積もると取組妙味《とりくみみょうみ》をテコに株価を吊り上げて不法に利益を得て、売り方に多大な損害を与えるもので、「証券史上稀に見る相場操縦」などと指摘していた。取引所や証券業協会の管理責任まで問う、かなり無理筋な訴えだったが、これが信用取引の規制強化の動きと相俟《あいま》って、加藤側の買いの動きに一定の足枷《あしかせ》となっていく。その後も株価は下げ止まらず、秋にかけて最高値の三分の一以下までに下落。さらに怪文書や流言飛語が飛び交った末に、株式市場に死屍累々の惨状をもたらした。

当時、兼松日産農林株で痛手を負った人は、「マッチで火傷をした」などと言われたが、遅れて参戦したなかには、戦後にＧＨＱの経済担当官として来日し、日本の財閥解体に関わった日系二世、シグ片山もいた。片山はロッキード事件で名前が登場し、対日工作資金の領収書を発行した当事者としても話題を呼んだ実業家である。加藤と片山を繋いだのは、片山がオーナーだった商社、ユー・エイチ・アイ（ＵＨＩ）システムズの代表で、のちに日本レスリング協会の会長や日本オリンピック委員会（ＪＯＣ）の副会長を務めた福田富昭である。福田は加藤の早稲田大時代の同級生の実弟で、誠備事件にも関わった田久保利幸を通じて加藤とも古い知り合いだった。

事務処理能力に長けた田久保を加藤は重用していたが、二〇一〇年頃を境に、田久保が加藤の反目に回り、修復不能な形で袂《たもと》を分かった。だが、その後も田久保は加藤の金庫番であるかのように振る舞って、株式市場で名を売り、二〇二一年にこの世を去っている。一方、福田は一時交流が途絶えていたものの、機関紙『新しい風の会』の推奨銘柄が大きく値上がりし、証券界で評判になっていることを聞き付けて、久しぶりに加藤に連絡して来たという。

片山は、一足先に兼松日産農林株で利益を得ていた福田を介して九六年十二月に一〇億円超の資金を投じ、三六万株を取得。だが、株価が好転することはなく、最終的に二〇〇二年に全株を売却し、精算した時点で約三八〇〇万円まで目減りしていた。その後、溶けた約一〇億円を巡る因縁は、株投資に介在した人たちを巻き込んで複数の民事訴訟に発展して泥沼の様相を呈した。

裁判資料のなかに、福田がシグ片山側に送った「債務者の確認について」と題する英文の報告書の翻訳がある。日付は二〇〇一年二月五日。

〈(株購入金の十億円について) シグ片山氏は1997年10月30日をもって、加藤暠氏への貸付金とする事を決定し、両者の間で金銭消費貸借契約を取り交わし、加藤暠氏もこれに同意したものであり、福田富昭はこれらを仲介した〉

加藤側は、福田から、シグ片山のために便宜上、偽装文書を作成するが、「絶対に迷惑を掛けることはないので協力して欲しい」と言われたと主張したが、裁判所は加藤の約一〇億円の債務を認定した。その後、二〇一三年に福田が日本レスリング協会のレターヘッドのメモ用紙に綴った加藤宛の四枚の手紙がある。そこにはこう書かれてあった。

〈片山さんの分は別として、私の会社分の貸金も少しずつ返却して頂き、本当に有難うございます。銀行には、いまだに金利共に支払い続けており、あと8年で完済できそうです（長期ローンであったため）。残高はこれで1億5000万円程度です。今回の件で私も加藤さんにしっかり最後までご奉仕致します〉

加藤の遺品のなかには、かつて福田が何かのお礼で持ち込んだレスリング関連のトロフィーや福田が九九年に再婚した際に配られた冊子などが、残されていた。

加藤の妻、幸子が語る。

「福田さんには、いろんな顧客を連れて来て頂きました。ただ、この裁判の時は、間に入った福田さんの会社が経営不振で、資金繰りに苦慮していたようです。うちは上手く利用されたのでしょう。釈然としない判決でしたが、その後は、毎月おカネを福田さんのところに届けていました」

仕手戦の後始末は、情に流され、最後にジョーカーを引いたものがすべてを被ることになる。そこにはもはや敵も味方もなく、ただ生き残るための強かな駆け引きがあるだけだった。

長男の東大理学部数学科進学

兼松日産農林の株価の低迷と軌を一にするように加藤の資金繰りも悪化の一途を辿った。事務所の家賃も滞納し、新しい風の会名義の自宅マンションも差し押さえられ、売却を余儀なくされていく。負の連鎖が続く暗黒期にあって、加藤の一筋の光は、長男、恭の東京大学入学だった。恭が語る。

「一時期、同居していた祖父は、『東大に入りんしゃい』『偉ろうなりんしゃい』が口癖で、加藤家再興のために何としても東大に入らなければという重圧が常にありました。東大一本に絞って受験し、合格した時は、祖父も父も凄く喜んでくれました。ただ、私自身は半ば人生の目標を見失った気分で、今後はどうなってしまうのかという複雑な思いがありました」

九七年四月に東大理学部数学科に進学後は、周囲の勧めもあり、次第に研究の一環として株の世界を数理ファイナンスで解明してみたいという思いが芽生え始めたという。

「修士課程から博士課程に進んだ頃だったと思います。父が相場の世界に関係しているという特殊な環境もあり、自分にしか出来ないことかもしれないと思うようになったのです。ただ、それは言葉で言うほど簡単なことではなく、生涯のテーマになればいいと漠然と考えていました」

しかし、肝心の父子関係は、父親不在の幼少期が影響し、相変わらず歪《いびつ》なままだった。恭が七歳の時には、恭の同級生が立派な誕生日会を開いたと聞き、加藤が「じゃぁ、うちもやろう」と、三越の外商に手配を頼んだことがあった。そして、当時子供たちにカリスマ的人気だったゲームの達人、高橋名人を恭の誕生日に自宅に招いたという。たくさんの友達が集まり、ファミコン好きの恭も大喜びだったが、家族が揃った記憶に残る楽しい思い出は決して多くはなかった。妻の幸子が明かす。

「主人と恭は、互いに遠慮し合い、直接口を利く機会はほとんどなく、私を介して会話をする形でした。『今日は天気がいいね』とか、『巨人が勝ったね』とか、普通の会話がない家庭でした。主人は話がある時も、『家族会議をしよう。珈琲とケーキを用意して』と大袈裟に構えてしまうんです」

そうかと思えば、唐突に恭の部屋を訪れることもあった。恭の述懐。

「年に数回ですが、『大事な話がある』と部屋に来て、被爆体験から始まる自身の半生や誠備時代の田中角栄元首相との関わりなどを一気に喋るんです。最後は株の話で、『こういう条件が揃えば踏み上げ相場になる。ただ、それは俺にしか出来ない』と言って一時間ほどで去っていく。親子の会話と言えば、そんな感じでした」

家族を気遣う言葉を掛けたいが、それができない不器用さの現れでもあったのだろう。当時加藤の元には、赤いペンで「検察庁に詐欺横領インサイダーの件で刑事訴訟を近々起す」と書かれた不気味なメモが何度も投げ込まれ、脅迫めいた手紙も複数届いていた。

「息子さんの健康をお祈りします」

息子に言及した手紙が届くと、加藤は大学に通う恭にボディガードをつけた。通学の電車でも離れた場所から恭を見守らせ、帰宅するまで監視を続けさせた。加藤自身も、三越の外商に依頼して防弾チョッキを購入し、毎朝の日課だった浅草の待乳山聖天への参拝にも複数のボディーガードを帯同していた。

出世株研究会「泰山」で三度目の復活へ

この頃、ある証券ディーラーは、顧客だった富士ゼロックス元会長の実弟、小林奎二郎から「加藤を助けてくれないか」と連絡を受けている。小林もまた株の世界では知られた存在だった。指定されたホテルオークラの部屋に行くと、そこには小林と怯えた様子の加藤がいて、「暴力団関係者に命を狙われ、外にも出られなくて困っている」と話していたという。加藤は九〇年代前半から日本カーボン株やクラリオン株の仕手戦にも関わっており、そこでもトラブルを抱えていた。負けを取り戻そうと足掻《あが》けば足掻くほど首が締まる悪循環だった。奇しくも小林はその後、二〇〇三年三月にホテルオークラ別館の部屋で妻とともに拳銃で心中を図り、亡くなっている。健康問題を苦にしての自殺と報じられたが、当時は株取引を巡っても様々な憶測が飛び交っていた。加藤の妻、幸子が語る。

「主人も一度、大阪のロイヤルホテル（現リーガロイヤルホテル）で、関西の暴力団筋に身柄をとられ、軟禁されたことがありました。暴力を振るうような手荒なことはされなかったそうですが、複数で取り囲み、ティッシュを投げ付けられ、脅された、と。一時仕手戦で共闘し、のちに仲違《なかたが》いした大手消費者金融のレイク創業者、浜田武雄さんの名前をあげ、『彼と親しいとひし言書いてくれればいい』と迫られたそうです」

要求を拒否した加藤はなかなか解放して貰えず、軟禁は長時間に及んだ。この窮地を救ったのは、住友銀行青葉台支店の不正融資事件に登場したコンサルタント、〝三億円事件〟の赤木だった。暴力団筋にも顔が利く彼の尽力で助かった加藤は、これ以降、赤木との関係を深め、復活に向けて動き出す。当時はまだ加藤の側近だった田久保が赤木の会社の名刺を持ち、連絡役を担った。

九八年の春以降、機関紙『新しい風の会』の発行も滞り、株式市場では加藤の名前が話題になることもめっきり減っていた。九九年には橋本龍太郎首相が提唱した金融ビッグバンの一環として証券会社の売買手数料が自由化され、ネット証券が次々と創業。戦後、ＧＨＱの許可を得て東京証券取引所が再開して五十年の節目に、その象徴だった立会場は廃止された。場立ちも姿を消し、かつてシマと呼ばれた兜町の様相も様変わりしていた。

長い沈黙を破って、加藤が再び狼煙《のろし》を上げたのは、〇三年二月のことである。出世株の研究会「泰山」を立ち上げ、マネー誌『産業と経済』四月号の誌面に登場したのだ。泰山の元会員が明かす。

「都内のホテルなどで頻繁にフォーラムが開催され、事前に葉書で申し込みをした者だけが参加を許されていました。葉書には『現金枠』という項目があり、そこに投資可能な資金の目安を書くのですが、金額に応じて席が決められている様子でした。前の方の人はテーブルもある座席で、後ろは椅子のみ。多分この人たちは、一〇〇〇万円以下なんだろうな、と。加藤さんの講演は、大半が般若心経や宗教に絡む話で、銘柄の情報は最後に少しだけでしたが、参加者は一回で三〇〇人くらいはいたと思います」

元警視総監さえ心酔した加藤の〝魔力〟

ネット取引が浸透し、個人投資家が株投資に参入するハードルも下がっていた。新規参入組はもちろん、かつての「新しい風の会」のメンバーも再び加藤の元に集まってきた。その一人が、元警視総監の福田勝一だった。福田は、泰山が産声を上げた半年後の〇三年八月に亡くなっているが、新しい風の会の時代から含めて多数の手紙が加藤の元に残されていた。当時、警察官僚OBの間では、警察出入りの業者に名前入りの便箋を作って貰うことが半ば習わしになっていたが、福田も「福田用箋」と印字された和紙便箋にこう綴っている。
〈小生　退官前の一年間に中江茂《ママ》樹の投資ジャーナル事件の起訴、自民党本部焼却事件（昭和

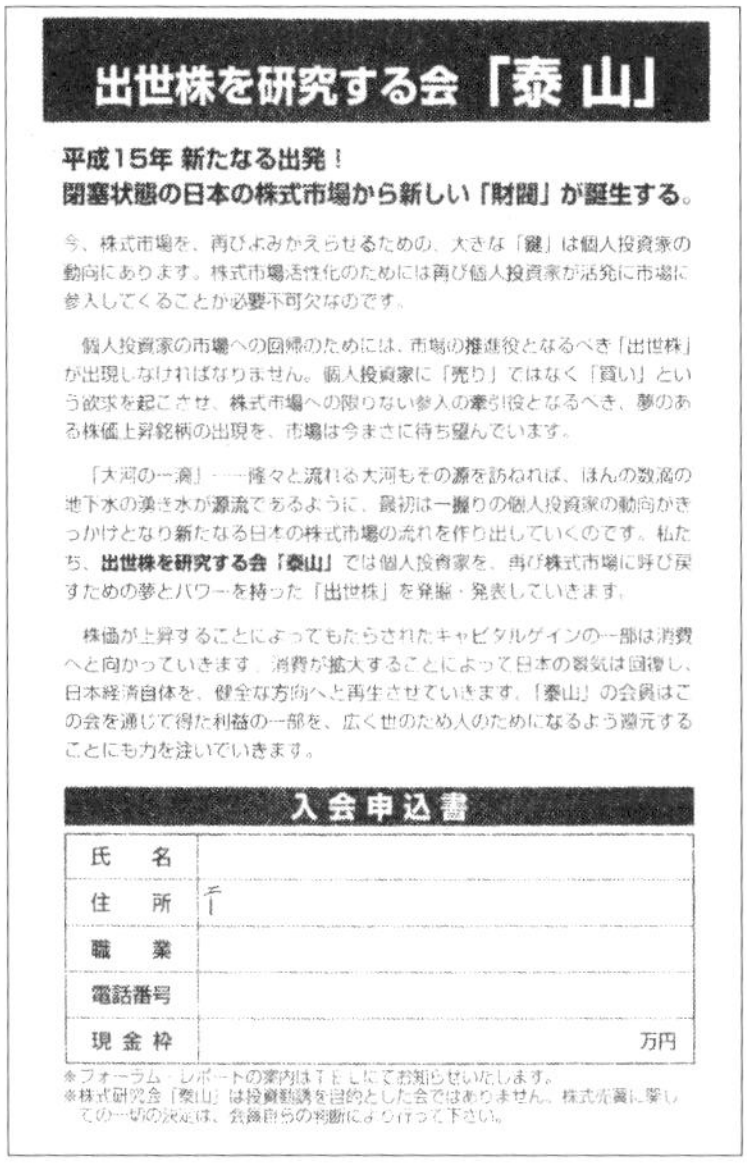

出世株を研究する会「泰山」

平成15年 新たなる出発！
閉塞状態の日本の株式市場から新しい「財閥」が誕生する。

今、株式市場を、再びよみがえらせるための、大きな「鍵」は個人投資家の動向にあります。株式市場活性化のためには再び個人投資家が活発に市場に参入してくることが必要不可欠なのです。

個人投資家の市場への回帰のためには、市場の推進役となるべき「出世株」が出現しなければなりません。個人投資家に「売り」ではなく「買い」という欲求を起こさせ、株式市場への限りない参入の牽引役となるべき、夢のある株価上昇銘柄の出現を、市場は今まさに待ち望んでいます。

「大河の一滴」……隆々と流れる大河もその源を訪ねれば、ほんの数滴の地下水の湧き水が源流であるように、最初は一握りの個人投資家の動向がきっかけとなり新たなる日本の株式市場の流れを作り出していくのです。私たち、**出世株を研究する会「泰山」**では個人投資家を、再び株式市場に呼び戻すための夢とパワーを持った「出世株」を発掘・発表していきます。

株価が上昇することによってもたらされたキャピタルゲインの一部は消費へと向かっていきます。消費が拡大することによって日本の景気は回復し、日本経済自体を、健全な方向へと再生させていきます。「泰山」の会員はこの会を通じて得た利益の一部を、広く世のため人のためになるよう還元することにも力を注いでいきます。

入会申込書

氏　名	
住　所	〒
職　業	
電話番号	
現金枠	万円

※フォーラム・レポートの案内はTELにてお知らせいたします。
※株式研究会「泰山」は投資勧誘を目的とした会ではありません。株式売買に際しての一切の決定は、会員自らの判断により行って下さい。

長い沈黙ののちに加藤が立ち上げた株の研究会「泰山」の入会申込書

五九年九月）、ロス疑惑の三浦の前半の傷害事件いづれ《ママ》も片着《ママ》けたのでありますが、投資ジャーナル事件では中江と某テレビ局の専務がからみ、その後楯には超大物政治家が絡み、何かといやがらせを受けました。（中略）ごく最近やっと静かになったところです。泰山会の講演の眠気醒しの材料には「元○○○がニチモウを未だ持っている言々」といった話はいかにも面白く思えますが、泰山会にもいろいろな人が居り茶呑み話で、『「元○○○」はこうなんだ』というような話が、小生をイタメつけたい連中の耳にはいれば、格好の攻撃材料にされます〉

そして、この書面は〈尚　五月十一日の会に呼んで頂くことできないのでしょうか〉という追伸で締めくくられている。要するに、肩書がバレることは心配だが、儲け話には興味があるので、泰山の会に呼んで欲しいと言いたいのだろう。福田は警視総監を退官後、消費者金融の武富士の非常勤顧問に就任し、武富士の未公開株を譲渡されていたとして批判を浴びた。福田が理事を務めた日本政治文化研究所は、右翼団体「昭和維新連盟」の西山廣喜が理事長を務めていた

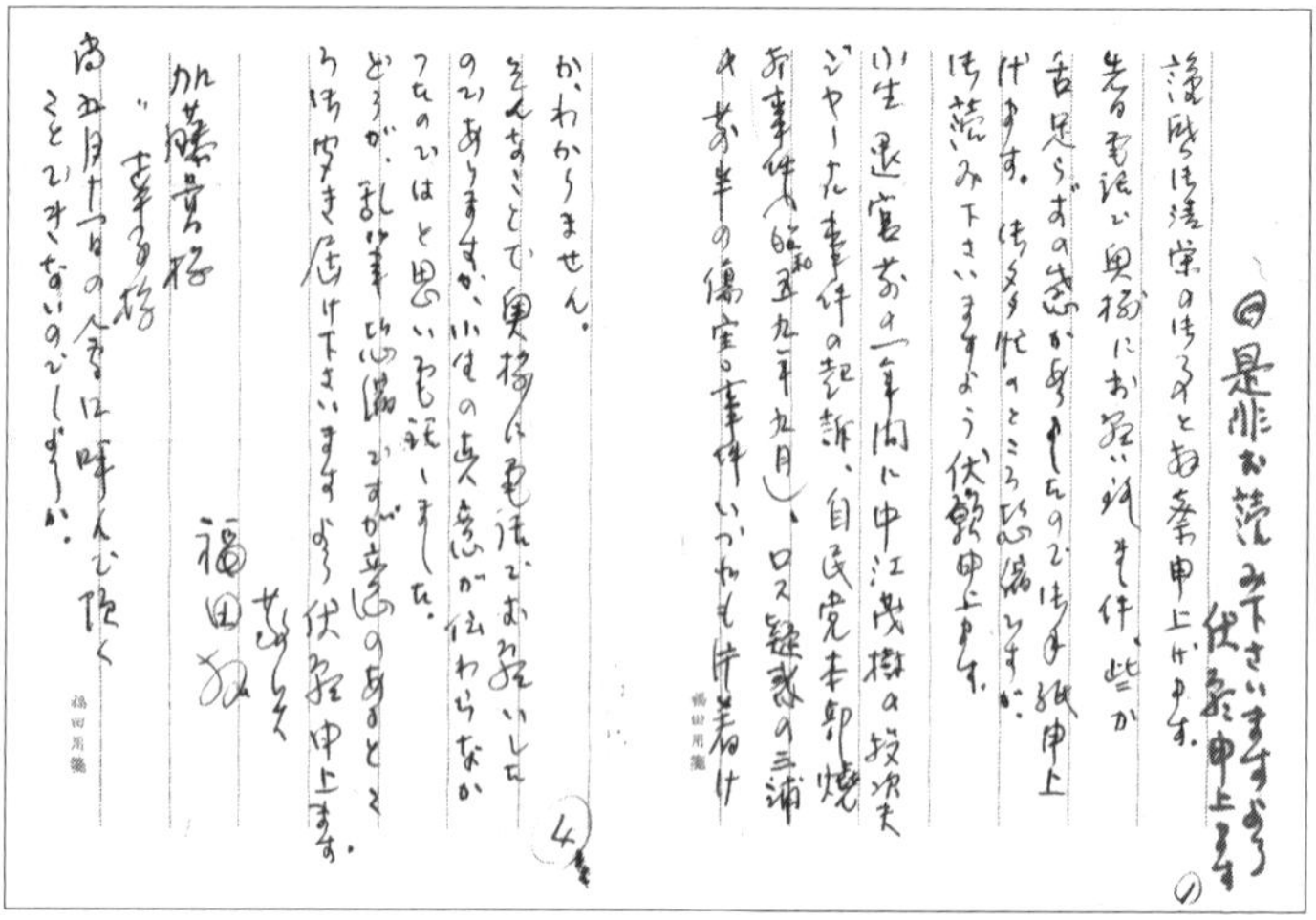
◎是非お読み下さいますよう伏して申上げます。

かわかりません。
そんなことで奥様にも電話でお願いしたのでありますが、小生の真意が伝わらなかったのではと思い電話しました。
どうか乱筆乱文ですが真意のあるところをお汲み取り下さいますよう伏してお願い申上げます。
敬具
福田勝
加藤暠様
〃幸子様
尚五月十一日の会合は呼んで頂くことはできないのでしょうか。

元警視総監・福田勝一が加藤に宛てた手紙

が、西山は加藤の支配下にあった出雲物産の株主に名を連ねていた。人脈は複雑に絡み合っていた。福田は執拗に手紙を送って株投資の助言を求め、時には高級シャンパン「ドンペリニヨン」のロゼを贈ってご機嫌をとり、またある時には、〈今後ともお見捨てなく。いろいろとご指導を賜ります〉と遜《へりくだ》った。カネの魔力の前では、世間体など関係なく、誰もが最後は加藤に跪《ひざまず》く。

ただ、加藤も幾多の修羅場を経験し、以前にも増して警戒心が強くなっていた。ある朝、毎日の日課だった浅草の待乳山聖天への参拝の際、銀杏の実を拾いに来ていた老夫婦を見掛け、「あれはどこかのスパイに違いない」と言い出し、妻の幸子も、「そうね、怪しい」と夫婦で被害妄想を膨らませたこともあった。常に身の危険を感じていたのは、加藤の過去の相場で損失を被った投資家の依頼で、実際に暴力団幹部らが泰山の会合に押し掛けてきたこともあったからだ。

「加藤さんと話がしたい」

ホテルの宴会室の受付で押し問答になり、周囲は騒然となった。会場内では講演後、降壇した加藤に替わって妻の幸子が次回の予定などを説明。そうして参加者を足止めしている間に、加藤はホテルの厨房の裏を通って会場を抜け出したという。幸子が振り返る。

「株価が下がって損をすれば、すべて主人の責任になってしまう。ただ、彼の株に懸ける思いは純粋でした。フォーラムに向かう際は、普段はほとんどお酒を飲まないのに、恭にシーバスリーガルをショットで一杯だけ注いで貰って、それを呷《あお》って出掛けていました。人生観について語る部分こそ、彼の本当に伝えたいことでした。綺麗ごとに聞こえるかもしれませんが、彼は『自分だけ儲けようとしてはいけない。みんなが儲けられるようにしなければいけない』と常々説いていた。それでも、実際には裏切られることも多かったです」

千代田区で二番目の高額納税者

「ルック」「丸山製作所」「ニチモウ」といった泰山の推奨銘柄は、当初こそ順調に推移したが、その後は加藤の側近とみられていた人物らが買い方から反目に回り、売り浴びせたことで、相場はあっさり崩れた。

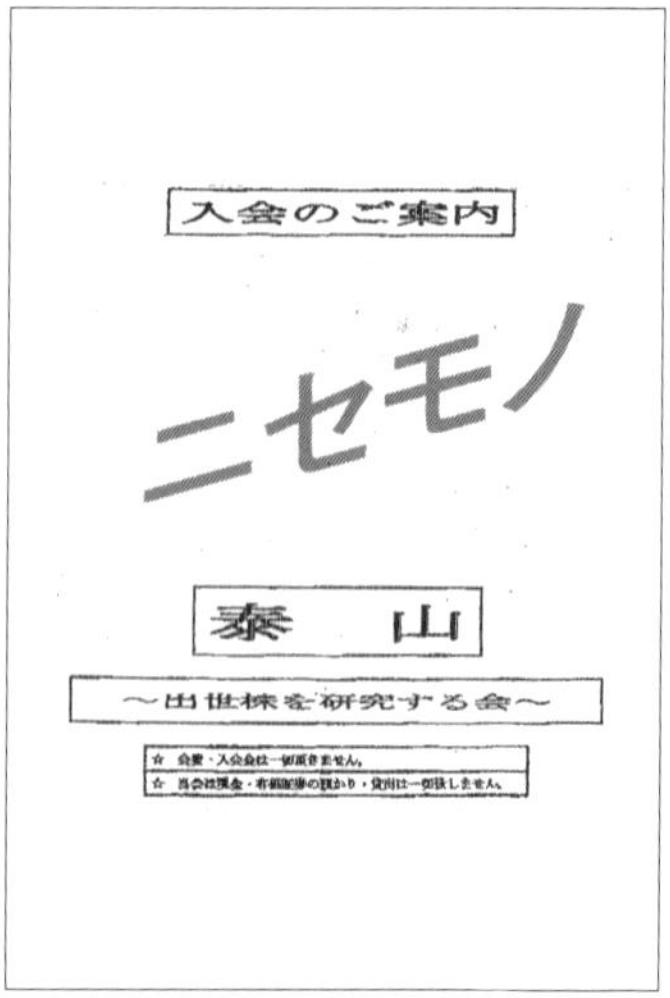

側近の裏切りで瓦解した「泰山」のパンフレットには「ニセモノ」の文字が印字されていた

「コラぁ、なに勝手なことをやってるんだ」

ホテルニューオータニの喫茶ラウンジで、ヤクザ顔負けの迫力で相手を怒鳴り上げる加藤。その顛末は瞬く間に兜町を駆け巡り、仲間割れから始まった綻《ほころ》びはもはや誰にも止めることはできなかった。加藤の遺品の中には、大きく赤字で「ニセモノ」と印字された泰山のパンフレットが残されていた。仲間の裏切りに悔しさを滲ませていた様子が窺えるが、疑心暗鬼が渦巻く株の世界では、裏切られたこともまた敗者の言い訳でしかない。

さらに追い打ちをかけたのが、○四年五月に公表された長者番付だった。資金繰りに窮していると思われていた加藤が、前年に二億三〇〇〇万円超を納税し、千代田区で二番目の高額納税者として報じられたのだ。

〈この所、全くご連絡を戴けませんが…（中略）私が従来、貴殿の消息を聞いて来た関係者に対して、加藤氏は金は全く無いよと云っていたのがウソになってしまいました〉

加藤が実質支配していた東成商事の元社長は、手紙にこう記し、自らも債務を負っている窮状を加藤に訴えた。多額の借財を抱えていた加藤にとっても寝耳に水の事態で、すぐに担当税理士を解任したが、時すでに遅し。そこからは、まるで雪崩を打ったように誠備時代の甘日会の元幹部やバブル期の大口出資者らも反旗を翻し、民事訴訟を提起し始めた。

誠備事件後に加藤を庇《かば》うコメントを残した甘日会の元会長は、のちの民事訴訟に証人として出廷し、後悔の念を滲ませてこう語っている。二〇〇七年四月十三日付の証言記録から引用する。

〈私はまだ、二、三年前までは加藤氏のことを悪く思っていませんでした。私にとっては加藤氏はほんとに、僕にとってはほんとに尊敬する人だったんです。ばかかも分かりませんけど、結局こういうふうな状態になったということは、お客を紹介したり、いろいろ仲間に入ってもらうことが誇りに思っておりましたから〉

そして証言の途中で、加藤側の代理人弁護士から、加藤が実質支配していたとされる会社の登記簿のどこにも加藤の名前が出て来ないと指摘されると、「会社設立して、役員が署名して捺印した人は1人もいません。いつのまにか、どこかの役員になっているんです。そういう状態の会社だったんです」としたうえで、「加藤が全部支配していたんですから。加藤が言わないのに誰が役員になったり。給料にしたって、全部加藤が決めてたんですから」と呼び捨てで加藤のことを詰《なじ》る場面もあった。

実姉、実兄にも降りかかった火の粉

山口県岩国市で教育長だった実姉、恭子の職場には、加藤と連絡が取れない暴力団関係者が押し掛け、貸金の返済を迫った。恭子には八九年にリクルート事件で竹下内閣が総辞職し、土井たか子率いる日本社会党が〝マドンナ旋風〟を巻き起こす直前に、社会党候補として、参院選への立候補を打診するオファーがあった。最後は弟の金銭問題がクローズアップされることを嫌って断念したが、その後も加藤を案ずる気持ちには一片の揺るぎもなかった。この時の暴力団関係者からのアプローチに対しても毅然《きぜん》とした態度で立ち向かい、弁護士にも相談しながら後始末に奔走したが、最後は約一〇〇万円の借金を肩代わりして問題を終わらせたという。

しかし、誠備時代からある時期まで加藤の仕事を手伝っていた実兄の裕康は加藤を許そうとはしなかった。裕康は加藤の地元、広島で会員集めに尽力したが、のちに被害弁済を求める彼らの批判を一身に受け、賠償金を肩代わりした。約束された報酬もなく、別途立て替えた借金の返済も果たされていなかった。

〈良心に従い約束の責任を持ち誠意を持って弁済の実行をせよ〉

〈恐ろしい程迷惑かけて、一時も早く解決せよ〉

裕康は加藤に手紙を送り続けた。その数は二百通を優に超え、段ボール箱一箱を埋め尽くしていた。そこには加藤が掲げた理想とは乖離《かいり》した目を背けたくなるような現実があった。次々と降りかかる批判の火の粉を浴びながら、当時の加藤はどんな心境だったのか。

加藤が〇五年に、シグ片山との関連裁判で、証言集めのために女性経営者と面談した際の約二十五分の音声データが残されている。そこで加藤は赤裸々に現状を吐露している。

「過去の私の至らなさのいろんな後遺症がありまして、今は浪人みたいなものですが、もう一回頑張りますから。今年で六十四歳ですが、二〇〇七年、八年には私にとって三度目の山が来ると思う。今度は最後いい結果にして、いろんな縁で知り合った人に、みんなよくなって貰って、終えたい。このままじゃぁくたばれない」

さらに、数々の大物を取り込んできた自らの投資手法についても明かしている。

「私の口座は誤解を受けるので使えませんが、相手の口座に私が最初は大きなお金ではなく、五〇〇〇万円とか一億円を入れます。利益が出たら半々にしましょ

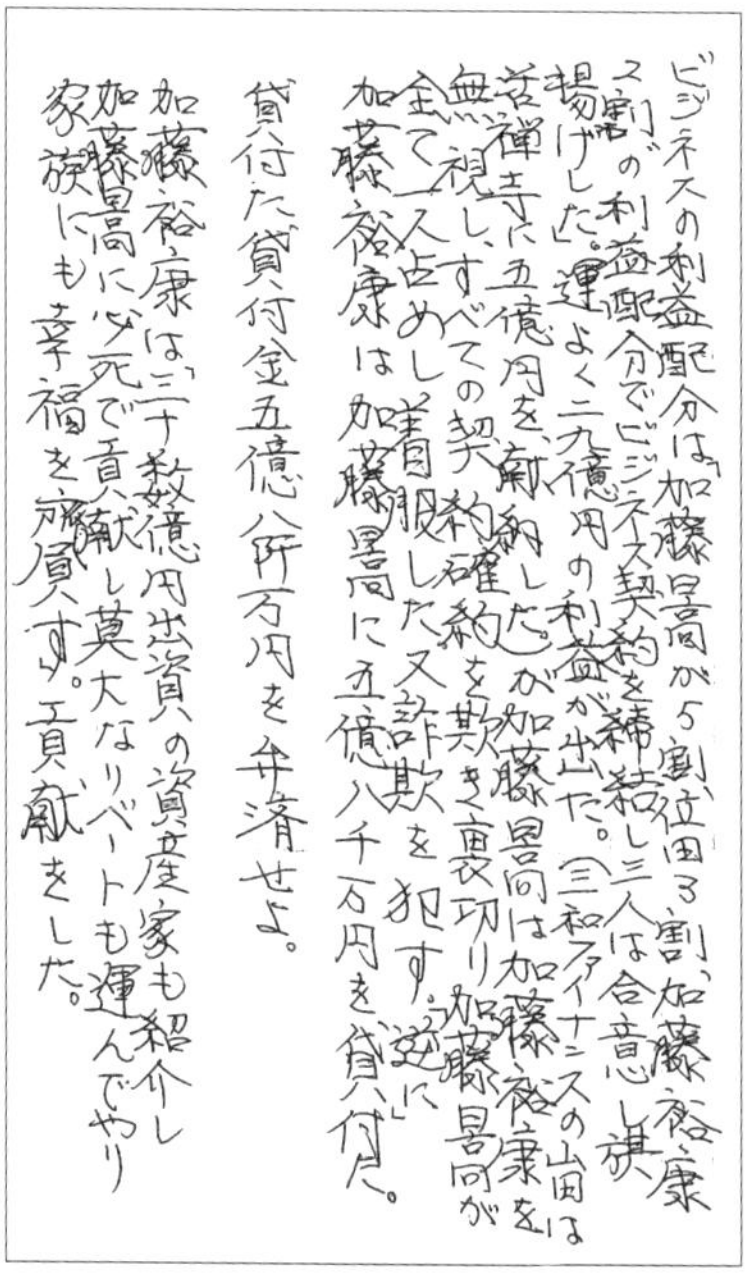
ビジネスの利益配分は「加藤昌司が5割、位田3割、加藤裕康2割」の利益配分でビジネス契約を締結し三人は合意し旗揚げした。運よく二九億円の利益が出た。三和ファイナンスの山田は善禅寺に五億円を献納した。が加藤昌司は加藤裕康を無視し、すべての契約確約を欺き裏切り加藤昌司が全て一人占めし着服した。又詐欺を犯す。逆に加藤裕康は加藤昌司に五億八千万円を貸付た。
貸付た貸付金五億八千万円を弁済せよ。
加藤裕康は三十数億円出資の資産家も紹介し加藤昌司に必死で貢献し莫大なリベートも運んでやり家族にも幸福を顧す。貢献きました。

実兄・裕康が加藤に宛てた損害の弁済を訴える手紙

う、と。損はもちろん私が被ります。そういう形で口座の仲間を増やすのが、外には言えないけど、私のやり方なんです」

加藤は面談のなかで、「今は私は力がないですが、将来私が力を持ったら」と何度も繰り返した。だが、〇八年のリーマンショックに加え、持病である糖尿病の悪化により、加藤が予言した〝三度目の山〟が訪れることはなかった。

終章

相場師の本懐

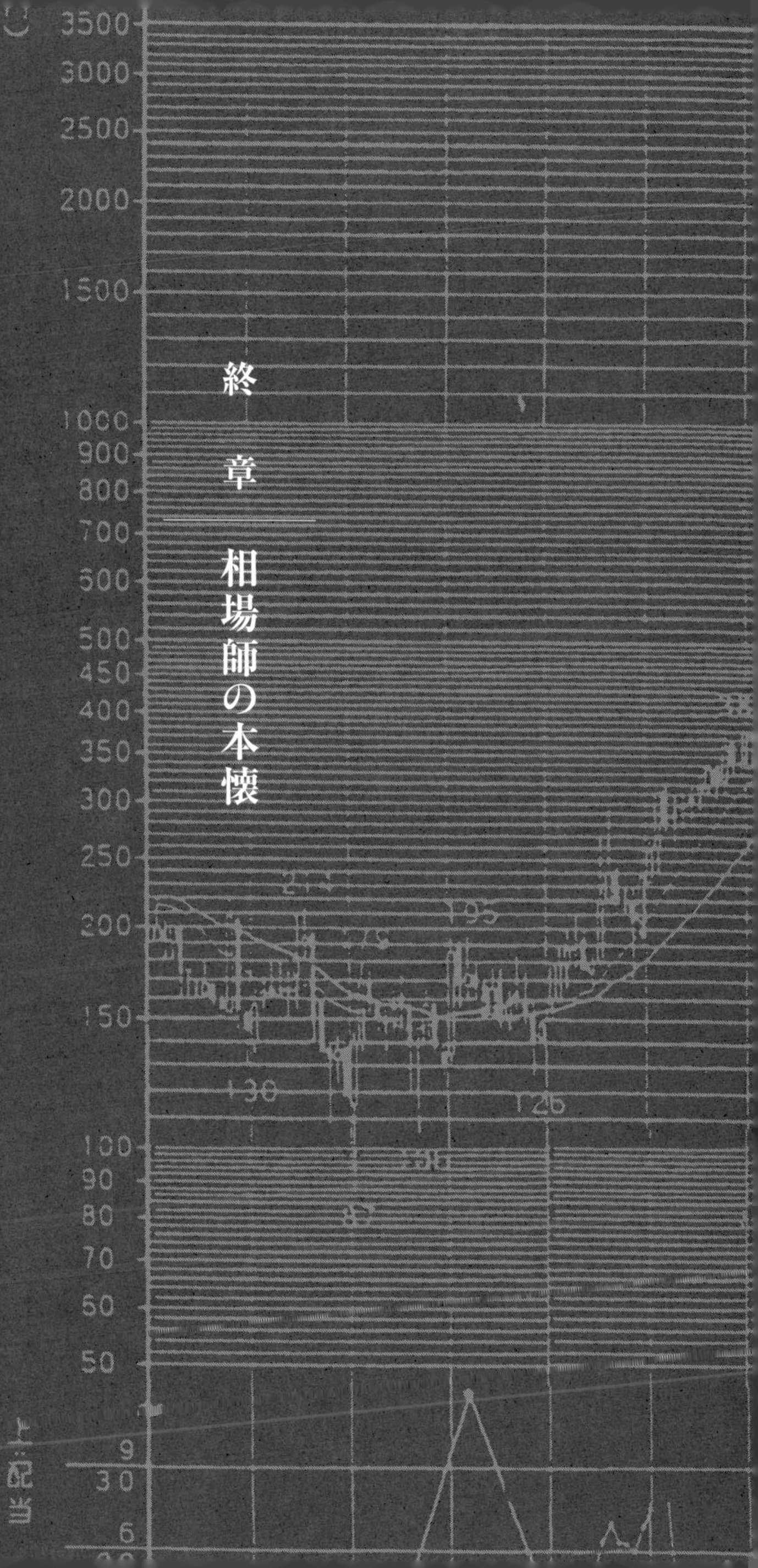
3500
3000
2500
2000
1500
1000
900
800
700
600
500
450
400
350
300
250
200
150
100
90
80
70
60
50
130
126
95

わしの命日は決まっとる

一人、また一人と取り巻きたちが離れていき、一時の狂騒が嘘のように穏やかな時間が流れていた。二〇一〇年の師走を迎えた頃、加藤は久し振りに広島に住む兄、裕康の自宅に電話を掛けた。最初に電話をとったのは、裕康の長女、夕紀子だった。

「ご無沙汰してます」

夕紀子が挨拶すると加藤は、唐突にこう切り出した。

「もうわしは長くないで」

夕紀子が「どうされたんですか？」と聞き返すと、加藤はこんな話を始めた。

「三月三十一日が命日じゃけぇ」

「命日って、もう決まっているものなんですか？」

「もう決まっとる」

「命日ってことはないと思うんですけど、それだったら折角だから、父も叔父さんのことを心配して顔が見たいと言っているので、二人で一度会って貰えませんか？」

「わしゃあ今、そういう話しとるんじゃないわ」

「私が父を東京に連れて行きますので」

「そんな訳の分からんことを言うなら、もう電話、切るで」

そこにトイレから戻って来た裕康が、電話を代わった。

「元気にしとんか？」

裕康が加藤と最後に会ったのは、二〇〇四年三月三十一日に亡くなった父、茂の四十九日の法要の時だった。茂は晩年、認知症が進み、特別養護老人ホームで過ごしていたが、施設側から「そろそろご家族の方を呼んで下さい」と言われ、姉の恭子も含めて加藤のきょうだい三人が家族を連れて広島に集まった。親戚が一堂に会し、みんなでお好み焼きを食べに行ったが、和気藹々《わきあいあい》とした雰囲気ながらも、その場にいた加藤と息子の恭が、まったくのコミュニケーション不全で、幸子を介してでしか話ができない様子に誰もが違和感を持った。それから程なくして茂が亡くなり、四十九日の納骨式の後、今度はホテルで中華料理の卓を囲んだが、そこでは紹興酒を頼んだ加藤が、ザラメを五杯も、六杯も入れて飲んでいる姿を周囲も心配そうに眺めていた。

父・茂との2ショット

裕康は受話器を手にしばらく黙って加藤の

話を聞いていたが、「そりゃぁできんよ」とポツリと言って電話を切ったという。その時の父親の心境を夕紀子がこう慮る。

「叔父さんは株の話になると身内でも何でも巻き込んでしまう。『株やらんか』と電話が来て、断るとそこからしばらく音信不通になるんです。時にはお金が尽きて、『家を担保に入れてカネを貸してくれ』と頼んできたこともありましたが、さすがに父も、『わしを丸裸にするつもりか。そんなことはできん』と断っていました。株は賭け事だから、負けて返せなくなることもあるだろう、と。ただ、能美島の人たちからもお金を集めておいて、その後始末から逃げて、『わしがどんな気持ちで広島で暮らしとると思っとるんよ。せめて会いに来て、ひと言謝って欲しいんよ』と父は常々言っていました」

せん妄状態……一〇〇〇億円を社会還元したい

夕紀子は、加藤が電話で語った〝命日〟の意味が分からず、改めて幸子に電話で尋ねた。夕紀子は気分屋の加藤のことは苦手だったが、幸子のことは慕っていた。最初に加藤が結婚の挨拶に幸子を連れて広島に来た時、幸子は金髪で、お洒落な化粧を施し、パンツスーツにハイヒールを履いていた。一九七〇年代、広島の片田舎ではまず見たことがない人形のような佇まいに目を奪われ、憧れてもいたのだ。

幸子によれば、加藤は糖尿病が悪化し、クレアチニンの数値が上昇。二〇一〇年秋に医師から「人工透析をしないと死にますよ」と言われ、それを余命宣告と受け取ってしまったのだという。たまたまその日の診断には、幸子が同行できなかったことから、加藤は一人で診断結果を聞き、「もう少し仕事がしたいので、いつまでなら透析をしないで済みますか」と尋ねたところ、「三月までは大丈夫」と言われて三月が命の期限だと深刻に思い悩んでいた。幸子がその診断内容を知ったのも、一カ月が経過してからのことだった。加藤は「人工透析によって血を入れ替えると自分に備わった不思議な力がなくなる」と頑なに透析を拒んだ。そこから〝今生の別れ〟と称して、小学校時代や大学時代の友人らを代わる代わる自宅マンションに招いて連日のように宴会を催した。

「残りの人生は短いかもしれないが、一〇〇〇億円を貯めて社会に還元したい」

大学時代の同級生の一人は、加藤が当時発したこの言葉を鮮明に記憶していた。かつて原爆手帳を見せながら社会貢献を口にした若き日の加藤の姿が重なり、「彼はやはりカネ儲けだけが目的の守銭奴ではなかった」と胸を撫《な》で下ろした。しかし、後先を考えない無謀な振る舞いは加藤の症状をさらに悪化させ、時折、せん妄状態が現れるようになった。突然ケタケタ笑い出し、机を叩きながら、「俺は凄い人と組むことになるかもしれない。その人と一緒にまた大きな仕事ができる」と興奮して語ることもあった。彼が言う〝凄い人〟とは株の世界で知る人ぞ知る存在だったアパレル大手、ワールド創業者の畑崎廣敏である。畑崎に繋がるルートに行き当たったことから、彼に自身の投資哲学を説明するための資料作りを元側近らに命じていた。加藤が仲介者を自宅に招くと聞き、胸騒ぎを感じた幸子が必死に止めると加藤は暴れ出す有様で、とても株投資どころではない状態だった。

年の瀬を迎えた十二月三十日には姉の恭子が上京し、加藤の行きつけだった六本木の瀬里奈で幸子や恭も交えて会食をしている。加藤を溺愛していた恭子は、大量にしゃぶしゃぶの肉を注文して次々と加藤の皿に肉をとりわけ、「イチゴもたくさん食べなさい」と甲斐甲斐しく世話を焼いたが、その反動はすぐに現れた。日付が変わった翌日の大晦日、加藤は低血糖でせん妄状態に陥り、救急搬送されてしまうのである。

「加藤さん、分かりますか？　お名前は？」

「暠です」

「ご職業は？」

「私ね、株が得意なんですよ……」

混濁する意識のなかでも、加藤は相場師の自覚を失ってはいなかった。治療を受けて一晩眠るとすっかり回復し、まるで畑崎との話など頭から消え去っている様子で、「もし、俺が暴れるようなことがあったら蹴飛ばしてでも止めてくれ」と話したという。結局、加藤が畑崎と組むことはなかった。もはや症状を食事療法で抑止することは限界だったが、それでも加藤は「透析をするくらいなら死んだ方がマシだ」と頑として譲らなかった。

エリートの道を歩んでいたはずの人生

そして二〇一一年三月十一日。東日本大震災は、加藤の人生にも大きな影を落とした。地震で自宅の仏壇がひっくり返ってしまったことにショックを受け、以前よりも深刻なせん妄状態が現れるようになったのだ。突然怒鳴り始めたり、深夜に起き出して、「買い注文を出せ」と大騒ぎし、終《しま》いには息子の恭に「お前が東大に行ったのが悪い」と支離滅裂なことを口にするようになったという。恭が当時を振り返る。

「不思議だったのは、せん妄状態のなかでも時折、鮮明に記憶力が蘇ることがあったことです。当時はいろんな証券会社にある膨大な保有株数をツールで集計しており、父の指示で、それぞれの証券会社のサイトにログインして株数のデータを引っ張り出し、エクセルで足し合わせて印刷していました。ところが、そのデータをみて父が、『二〇〇〇株足りない。あと二〇〇〇株あるはずだ』と言い出したんです。機械的にやっているので間違えるはずはない。ところが、改めて調べてみると一般信用株式枠で間違えて買っていたものが二〇〇〇株ありました。プログラムでさえ拾えていないのに、父は自分の記憶だけで正確な株数を覚えていた。あれには驚きました」

その後、加藤家の三人は東京を離れ、広島へと向かった。同級生が理事長を務める地元の病院で透析治療を始める予定だったが、そこでも後場が引ける間際に突然飛び起きて、恭にノートパソコンを使って買い注文を入れるよう指示し、リアルタイムの注文状況が分かる板画面（気配値）を印刷させた。いざ透析を始めようとすると、加藤は鉄製の靴ベラを振り回して抵抗し始めた。家族も手を焼き、閉鎖病棟のある別の精神病院に措置入院させることになった。ところが、加藤は入院の手続きをしている妻、幸子の姿をみて、翌日面会に訪れた姉の恭子にこう訴えたという。

「アイツは俺を山口組に売った」

それは、過去の暴力団による軟禁体験の恐怖から来る被害妄想以外の何ものでもなかった。しかし、恭子は鍾愛《しょうあい》する弟の願いを聞き入れ、パジャマ姿のまま病院から加藤を連れ出した。恭子は、逃亡のサポート役として元江田島市議会議長の林久光を呼んだ。林は加藤の小学校の後輩にあたり、加藤の株投資のフォーラムに参加したり、加藤一家が日帰りで墓参りに来る時には送迎役を務めたこともあった。林がクルマを手配しようとすると、加藤は「クルマは要らない」と断り、タクシーに乗り込んで、「俺は命を狙われている。お前はこっちに座れ」と指示した。宮島に到着すると、パジャマ姿だった加藤に着替えのジャンパーを調達するため、林が店を探し、ジャージの上下セットを購入。その間も加藤は後ろをキョロキョロと振り返り、常に警戒心を解くことはなかった。その後は、恭子の自宅がある山口県の岩国市に移り、今度は岩国高校の同級生で、隣の席だった松下邦彦を呼び出した。松下が振り返る。

「私は一時、加藤さんが岡三証券時代に社宅として借りていた北千住の『日の出荘』というアパートを又貸しで借りていました。その後、親の面倒をみるために東京を引き払って岩国に帰ることになった時、彼が見送りに来てくれて以来、交流は途絶えていました。久し振りの電話で、『人に追われている。匿《かくま》ってくれ』と言うので会いにいきました」

加藤はしきりに逃亡に至った背景を説明したが、松下にはとても手に負えるような話ではなかった。その後、大阪へと移動した加藤から、松下の自宅に電話が掛かってきた。加藤は誠備事件の頃、松下が実名でマスコミ取材に語っていた内容について「勘違いするな。俺はそれほど笹川良一の世話にはなっていない。俺は己の実力でここまで来たんだ」とひとしきりに苦言を呈した。約三十年も前の話を今更持ち出す真意を測りかねたが、次のひと言はもっと意外だった。

「俺が肺結核で胸を患わないで、順調に修道高校を卒業しとったら、どうだったかのう」

その当時の加藤は七十歳を迎えていた。古希を過ぎても尚、五十年以上前の悔恨の念が頭にこびりついて離れなかったのだろう。東大に進学し、絵に描いたようなエリートコースを歩むもう一つの人生をどこかで夢想していたのだ。

ネットに立ち現れた「般若の会」

約一カ月の間、各地を転々とした加藤と姉の恭子は、最後に新宿のヒルトン東京に辿り着く。加藤はホテルの部屋に籠もり、仮想敵と戦っているかのように御真言を唱え、「一日で一時間だけ神様に守られない魔の時間帯がある」と入り口をバリケード封鎖。傘などを武器に戦闘態勢を取っていたという。さすがの恭子もこれには疲れ果て、「もう限界」と匙《さじ》を投げかけた時だった。掛かり付けの鍼灸師の針治療を受けた加藤は、丸一日眠り続けた後、奇跡的に症状が改善したという。

「あれは何だったんだろうな。山口組に襲われる訳もないのに」

加藤は家族に笑ってそう話した。何事もなかったかのように静かな日常を取り戻し、再び復活に向けて動き始めていく。妻の幸子が振り返る。

「人生最後の大仕事として、震災で経済が低迷するなか、真っ先に狼煙を上げて株式市場を活気付け、景気回復のきっかけを作らなければいけないと使命感を口にしていました。誇大妄想だと思うかもしれませんが、その言葉に嘘はないと思いました」

二〇一一年夏、加藤は株式研究会「般若の会」を立ち上げた。せん妄状態を経験したせいか、以前ほど文章が上手く纏まらず、設立趣意書や入会申込書の作成には、恭に協力を求めた。当時恭は、東大大学院で博士号を取得後、金融庁勤務などを経て、腰痛の悪化で自宅療養中だった。恭がその時の様子を語る。

「過去に運営していた『泰山』の元会員などに案内を送り、入会者を募っていました。そのうちネット上に加藤暠を騙《かた》るニセモノによる書き込みが増え、その対策として更新が滞っていたホームページも再開しました。父の人生観や宗教観、推奨する銘柄の動向などを掲載しましたが、文章の推敲《すいこう》作業などは私が手伝いました」

加藤が管理していた二〇一一年六月二十八日付の旧泰山の名簿には、一二八〇人の名前や連絡先があった。職業と過去のフォーラムへの参加状況や各人が投資に使える現金枠が入力されていた。それは加藤にとって何ものにも代え難い財産だった。かつての加藤は、入会希望者とはできる限り面談することを心掛けてきたが、ネットを通じての申し込みが増えたことや加藤の体調面も考慮すると、それは現実的な話ではなかった。幸子の提案で、今回からは、入会申し込み時に「好きな言葉」を書き入れて貰い、それを人となりを知る手掛かりとした。

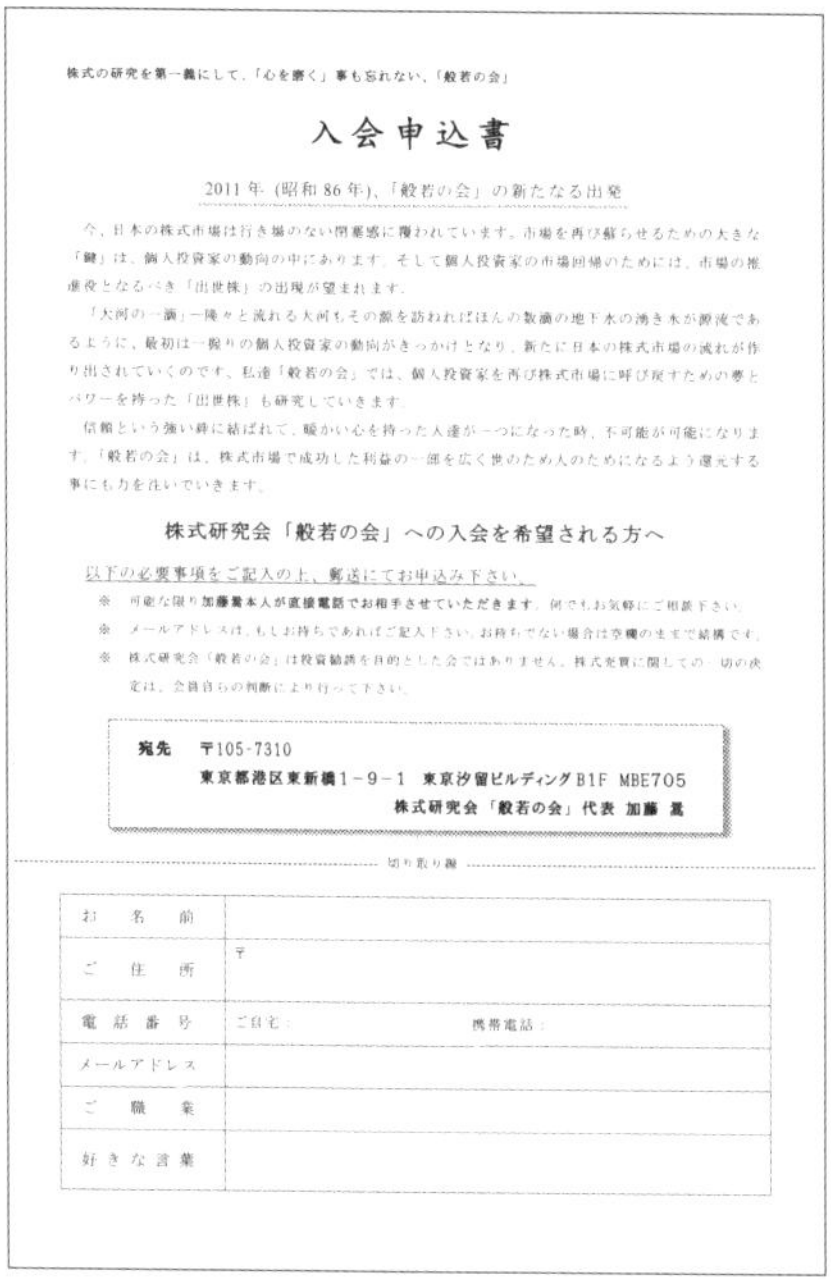

株式の研究を第一義にして、「心を磨く」事も忘れない、「般若の会」

入会申込書

2011年（昭和86年）、「般若の会」の新たなる出発

今、日本の株式市場は行き場のない閉塞感に覆われています。市場を再び蘇らせるための大きな「鍵」は、個人投資家の動向の中にあります。そして個人投資家の市場回帰のためには、市場の推進役となるべき「出世株」の出現が望まれます。

「大河の一滴」一滔々と流れる大河もその源を訪ねればほんの数滴の地下水の湧き水が源流であるように、最初は一握りの個人投資家の動向がきっかけとなり、新たに日本の株式市場の流れが作り出されていくのです。私達「般若の会」では、個人投資家を再び株式市場に呼び戻すための夢とパワーを持った「出世株」も研究していきます。

信頼という強い絆に結ばれて、暖かい心を持った人達が一つになった時、不可能が可能になります。「般若の会」は、株式市場で成功した利益の一部を広く世のため人のためになるよう還元する事にも力を注いでいきます。

株式研究会「般若の会」への入会を希望される方へ

以下の必要事項をご記入の上、郵送にてお申込み下さい。

※　可能な限り加藤暠本人が直接電話でお相手させていただきます。何でもお気軽にご相談下さい。
※　メールアドレスは、もしお持ちであればご記入下さい。お持ちでない場合は空欄のままで結構です。
※　株式研究会「般若の会」は投資勧誘を目的とした会ではありません。株式売買に関しての一切の決定は、会員自らの判断により行って下さい。

宛先　〒105-7310
東京都港区東新橋1－9－1　東京汐留ビルディングB1F MBE705
株式研究会「般若の会」代表 加藤 暠

切り取り線

お　名　前	
ご　住　所	〒
電話番号	ご自宅：　携帯電話：
メールアドレス	
ご　職　業	
好きな言葉	

「般若の会」の入会申込書

〈加藤暠が主宰する『般若の会』は仏の智慧を学ぼうとする同好会ですので、会費を徴収する等、皆様からお金をお預かりするような事は一切行っておりません。秘密の会員も存在しませんし、会費を払ったら特別の情報が貰えるという事も絶対あり

ません〉

六年半ぶりに復活したホームページ「時々の鐘の音」では、まず会の趣旨をこう説明している。加藤はホームページを使った情報発信について、「これは鐘の音なんだよ。優しく打てば優しく響いて返ってくるし、強く打てば強く返ってくる」と幸子に繰り返し話していたという。二〇一一年十一月一日付の初回のコラムでは、「再びの邂逅」と題し、今後への期待を鐘に込めて、こう力強く打ち鳴らした。

〈「昨日の今」1995年、阪神・淡路大震災の後の株式相場は閉塞状況にありました。市場には失望感が高まり、売りが売りを呼び、莫大な空売りが溜まりました。その空売りがバネとなり、兼松日産農林の株価に爆発的な原動力を与えました。兼松日産農林株は稀に見る大踏み上げ相場に発展し、300円台の株価が10倍以上の価格、5000円台にまで達しました。震災という「天の時」が、兼松日産農林という出世株を誕生させ、市場の救世主たらしめたのです。そして「今日の今」2011年 — 東日本大震災によって株価が200円台で低迷し、空売りが異常に膨らみ、兼松日産農林のときと同じように大相場になる雲行きを呈してきた銘柄があります。何百万株という空売り残を抱えたその200円台の銘柄のマグマが爆発するのはいつか？　株価が低空飛行を続け、もたつけばもたつく程、「明日の今」において凄まじい爆発力を生み出す事への確

信が高まります〉

ネットを席巻した〃お告げ〃

ホームページに掲載されたコラムでは具体的な銘柄の名は伏せられているが、文章にある幾つものヒントから、兜町界隈ではすぐにそれが大阪に本社を置く化学メーカー「新日本理化」であることが明らかになった。証券専門紙などでも取り上げられ、新日本理化株は十一月一日の終値二七八円から、二回目のコラム更新を経て、十二月十二日には九三〇円に高騰。反響は予想以上で、投資家は次の〃お告げ〃を今か今かと待ち望んだ。こうして加藤は再び株式市場に降臨した。

翌二〇一二年に入ると、新日本理化株は一月二十三日に一〇〇〇

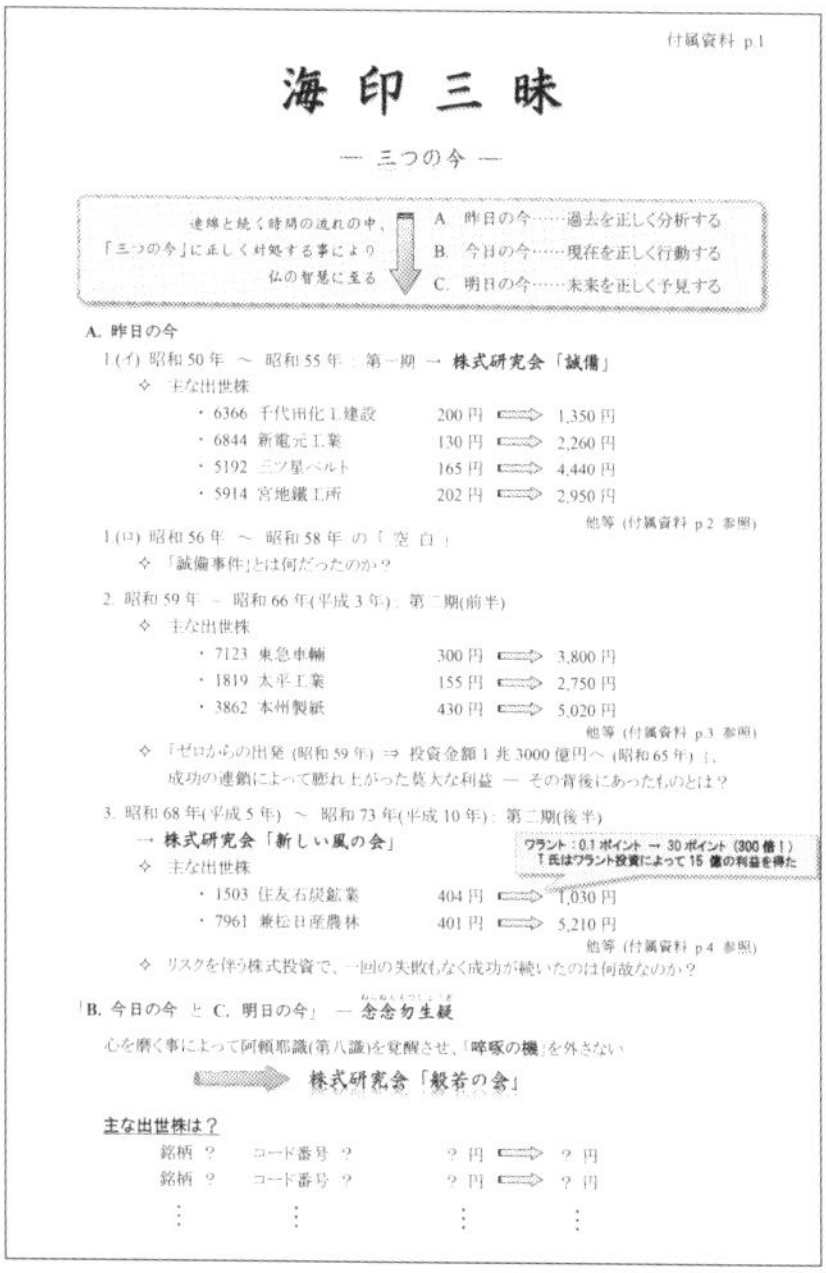

付属資料 p.1

海印三昧

— 三つの今 —

連綿と続く時間の流れの中、「三つの今」に正しく対処する事により仏の智慧に至る

A. 昨日の今……過去を正しく分析する
B. 今日の今……現在を正しく行動する
C. 明日の今……未来を正しく予見する

A. 昨日の今

1.(イ) 昭和50年 ～ 昭和55年：第一期 → **株式研究会「誠備」**

✧ 主な出世株

・6366 千代田化工建設 200円 ⇨ 1,350円
・6844 新電元工業 130円 ⇨ 2,260円
・5192 三ツ星ベルト 165円 ⇨ 4,440円
・5914 宮地鐵工所 202円 ⇨ 2,950円

他等（付属資料 p.2 参照）

1.(ロ) 昭和56年 ～ 昭和58年 の「空白」

✧ 「誠備事件」とは何だったのか？

2. 昭和59年 ～ 昭和66年(平成3年)：第二期(前半)

✧ 主な出世株

・7123 東急車輛 300円 ⇨ 3,800円
・1819 太平工業 155円 ⇨ 2,750円
・3862 本州製紙 430円 ⇨ 5,020円

他等（付属資料 p.3 参照）

✧ 「ゼロからの出発（昭和59年）⇒ 投資金額1兆3000億円へ（昭和65年）」、成功の連鎖によって膨れ上がった莫大な利益 — その背後にあったものとは？

3. 昭和68年(平成5年) ～ 昭和73年(平成10年)：第二期(後半)

→ **株式研究会「新しい風の会」**

✧ 主な出世株

・1503 住友石炭鉱業 404円 ⇨ 1,030円
・7961 兼松日産農林 401円 ⇨ 5,210円

ワラント：0.1ポイント → 30ポイント（300倍！）
T氏はワラント投資によって15億の利益を得た

他等（付属資料 p.4 参照）

✧ リスクを伴う株式投資で、一回の失敗もなく成功が続いたのは何故なのか？

「B. 今日の今 と C. 明日の今」 — 念念勿生疑

心を磨く事によって阿頼耶識(第八識)を覚醒させ、「啐啄の機」を外さない

⇨ **株式研究会「般若の会」**

主な出世株は？

銘柄 ？ コード番号 ？ ？円 ⇨ ？円
銘柄 ？ コード番号 ？ ？円 ⇨ ？円
⋮ ⋮ ⋮ ⋮

誠備時代からの加藤の実績をまとめた「般若の会」資料

円、三月二日には一二九七円の最高値をつけた。四月十七日には前場立会中にコラムが更新され、新日本理化に続く推奨銘柄が登場。銘柄名は〇〇〇〇とされていたが、コード番号が明記されていたことから、明和産業と判明し、この日はストップ高となった。その後も、思わせぶりなヒントを鏤《ちりば》めて、一九〇円台で一三〇〇万株強の空売り残株をかかえた日本〇〇〇〇工業を「刮目してやまない銘柄」と紹介。市場では日本カーバイド工業株が注目を集めた。

般若の会が本格的にスタートして以降、本人名義で証券口座を持てない加藤も、恭や幸子、さらに幸子の親族名義などの計四口座を使って、推奨銘柄の買い注文を出していった。

恭は、修士課程の頃に、加藤から「小遣い稼ぎのつもりでやってみたら」と勧められ、二〇〇二年に証券口座を開設し、株投資を始めたという。加藤は恭に対し、「自分一人が儲けようとしてはいけない」と何度も言って聞かせた。その助言に従った恭は、売るタイミングを逸し、株を抱えたまま下落する株価を呆然と眺め、売却時にはほとんど利益が出なかったこともあった。それでも加藤の指示通りに株取引をすることで、トータルすると億単位の利益があり、生前贈与などを併せ、二〇〇六年には家族が住む都内のタワーマンションの一室を恭名義で購入している。恭は、パソコン操作に不慣れでマウスも使いこなせない母親が父親に叱責されている姿をみて、IDとパスワードをコピーして簡単にログインできるツールも開発したと話す。

「私も父の指示を受け、株の発注作業を手伝っていましたが、二〇一一年秋に大阪大学大学院から助教として声が掛かり、研究や勉強会で忙しくなっていきました。翌春からの赴任が決まると、次第に父の仕事を手伝うことも難しくなりました」

加藤の復活で当初は沸いた新日本理化株も一二年の三月以降は失速し、そのうちにコラムの更新も途絶えがちになっていった。加藤が、透析治療を決断した二〇一二年九月からは、般若の会の活動そのものにも陰りが見え始めた。

『フラッシュ・ボーイズ』と引退宣言

「とうとう透析で入院しちゃって、もう長くないんだよ」

株価が上昇局面にあっても、加藤は複数の般若の会の会員に病院から電話し、こう話していたという。仕手株ファンの会員は加藤ブランドを信奉し、優先的に推奨銘柄を聞いて加藤の相場に付き合う。しかし、本尊自らが弱気になれば、一瞬にして売りに回る。仕手戦とは、買い方と売り方との腹の探り合いだ。売り方は株価を下げる材料を探し、本尊の動向も調べ上げる。透析患者と分かれば当然、透析日に売り浴びせてくる。加藤は自分で相場を壊しているようなものだった。般若の会の一三年六月二十日時点の会員名簿には九四三人の名前があったが、会員の実数は、決してそこまで多くはなかったとみられる。その翌月、彼らに別れを告げるかのように「時々の鐘の音」の最後の更新となった七月八日のコラムは、こんな言葉で結ばれている。

〈改めて、温かい心の皆様方とご縁を頂いたことを心から感謝したいと思います〉

古くからの顧客のなかには幸子に、「息子さんは、暠さんの後を継がないの？」とストレートに問い合わせてくる人もいたが、「あの子は学者ですよ。全然世界が違います」と説明すると二度と電話は掛かって来なかった。彼らは、株高を演出するランドマークとして、加藤暠に替わるカリスマを求めていたのだ。加藤自身は常々「恭はドロドロした相場の世界に来ることはない」と話しており、だからこそ恭はそれとは真逆の純粋数学の道を選んでいた。加藤は「株に命をかける」と公言し、趣味の囲碁とカラオケ以外は家族との時間を犠牲にしてきたが、その生活ぶりも少しずつ変化していった。恭が大阪から帰京した時には三人で外食する機会も増えたという。

恭が述懐する。

「久兵衛などが行きつけでしたが、お寿司を食べに行っても、せっかちな父は、店に入って席に着くまでに、カウンターに向かって自分の好きなネタを次々と注文していくんです。席についてしばらくすると父の注文したものが先に運ばれてきて、それをあっという間に食べ終えてしまう。のんびり会話をしながら注文をするということもなく、『二人はゆっくり食べていなさい』と言って一人席を立ってしまうんです。それで本人はどうしているかと言えば、入り口の椅子に一人座り、一点を見つめたままじっと待っているのです」

一家団欒《だんらん》とは程遠いものだったが、時には家族旅行も計画し、人生を楽しむ生き方にシフトし始めていた。

「株投資に没頭している間は、毎朝の日課である浅草の待乳山聖天へのお参りを優先し、日帰り旅行しかできませんでした。それがクルーズ船の『飛鳥』に二泊三日で乗船したり、熱海にも家族で出掛けるようになった。ただ、熱海の時は、夜になって父が、『やはりお参りがあるから帰る』と一人で帰京してしまったのですが」

二〇一四年秋、加藤は一冊の訳書を恭からプレゼントされた。米国のノンフィクション作家、マイケル・ルイスの著書『フラッシュ・ボーイズ　10億分の1秒の男たち』。最先端のコンピュータプログラムを駆使し、一秒に満たない極めて短い時間に株式売買を繰り返す超高速トレーダーの実態を描いた作品である。当時日本でも話題を呼んだが、そこに描かれていたのは、加藤の知る〝人と人との心理戦〟が織りなす株の世界とはまったくの別ものだった。

「もう株はやらない」

本を読み終えた加藤は恭にそう告げたという。それは仕手戦からの事実上の引退宣言だった。加藤は株仲間との資金のやり取りを精算し、手仕舞いの準備を始めた。あとは故郷の瀬戸内海の凪《なぎ》の海のような穏やかな余生が待っているはずだった。

しかし——。水面下では、金融庁の証券取引

歌うことが趣味だった加藤のマイク姿

等監視委員会の特別調査課が、加藤に標的を絞り、内偵調査を開始していた。誠備時代から三十年以上続いた加藤と検察当局との因縁が、最終局面を迎えようとしていたのだ。

検察〝悲願〟の強制捜査

二〇一五年三月十一日、監視委員会は、金融商品取引法違反（風説の流布）容疑で、加藤の自宅などを強制捜査。一〇〇人規模の係官を投入し、数日かけて般若の会の会員などにも捜索の手が入った。家宅捜索当日、加藤は透析治療の予定だった。突然の来襲に混乱すると同時に、誠備事件の記憶が蘇り、激しく抵抗して喚《わめ》き散らしたという。

「佐渡とはこれが三度目の因縁だ」

加藤はその直後、怒りを滲ませながら、知人にそう語っている。佐渡とは〇七年に福岡高検検事長を退官後、監視委員会の委員長に就任していた佐渡賢一を指す。誠備事件の翌年に東京地検特捜部入りを果たして以降、加藤が関係した住友銀行青葉台支店の不正融資事件では主任検事を務め、東京佐川急便事件では副部長として捜査指揮を執ったことでも知られる。

加藤が残した自筆メモには、佐渡を敵視する言葉が並び、〈佐渡のプロフィールをしっかり頭に入れておかなければならない〉と綴られていた。佐渡は監視委員会トップとしてオリンパス粉飾決算事件などで実績を残し、検察への単なる告発機関に甘んじていた組織に市場の監視役として戦う姿勢を植え付け、九年という異例の長期政権を築いた。加藤には佐渡が、検察権力の象徴と映っていたのだろう。実際、佐渡の在任中、監視委員会では三度にわたり加藤の相場操縦疑惑が審査の俎上《そじょう》にのぼったが、いずれも立件は困難との判断からお蔵入りとなっていた。大物相場師、加藤暠の逮捕は、過去の雪辱を果たしたい検察にとっても〝悲願〟だった。加藤について、佐渡に取材を申し入れたが、「当方70才から一切の仕事をやめて気ままに旅行脚《あんぎゃ》の生活を続けており、申入れの件も記憶の彼方朧《かなたおぼろ》」とし、家庭の事情もあり、応じられない旨のメールが届いた。

加藤と検察との最終戦争は一五年十一月十七日、ついに山場を迎える。東京地検特捜部が加藤と幸子、そして恭を相場操縦容疑で逮捕したのだ。恭は〇八年に金融庁で金融機関の自己資本比率を規定したバーゼル規制に関係する専門調査員として勤務経験があった。当初は恭の立件について金融庁のキャリアには慎重論もあったが、監視委員会への出向検事らが周到に根回しをして検察に事件を持ち込んだ形だった。

〝主役不在〟の刑事裁判

加藤の代理人を務めた川原史郎弁護士が、逮捕前の状況を説明する。

「私は強制捜査後に初めて加藤暠さんと会ったのですが、話をしていると途中からまた同じ話に戻り、最初に話したことを忘れている様子でした。昔なら論理的に説明できたのだと思いますが、肝心の相場操縦を疑われている部分を聞いても話が横に逸れてしまう。そこで私も同行して大学病院の認知症外来を受診すると、『認知症の初期でしょう』と。しかし、最終判断を下す検査を受ける前に逮捕されてしまったのです」

加藤は糖尿病の悪化に加え、逮捕前にはうっ血性心不全で入院。幸子にも「脳が劣化して、うまく説明できない」と繰り返し、かつての威勢は見る影もなくなっていた。その後、幸子は処分保留で釈放されたが、恭はそのまま留め置かれた。恭本人が語る。

「翌年四月には信州大学に准教授で赴任する予定でしたが、それもなくなり、研究者としての将来も尊厳も奪われました。親孝行のつもりで父の指示に従って仕事を手伝っただけですが、検察側は私が株取引に精通し、父と共謀して相場操縦を行なったと決めつけた。勾留中は、担当検事から『東京拘置所は日本で一番健康管理に優れた施設だから、お父さんもどんどん良くなる』と言われましたが、実態はまるで違っていました」

接見のたびに加藤の病状の進行を感じ取った弁護側が、認知症の専門医との面会を申請。しかし、検察側は、加藤が医師を通じて罪証隠滅《ざいしょういんめつ》を図る恐れがあると反対し、認められなかった。

加藤が保釈されたのは糖尿病の進行によって左足の壊疽《えそ》が進み、手の施しようがなくなった一六年九月二日。幸子は、車椅子に乗せられ、顔が青白く浮腫《むく》んだ加藤の変わり果てた姿に言葉を失ったという。加藤はそれから二度にわたる足の切断手術を受け、回復の兆しもないままに十二月二十六日、静かに息を引き取った。享年七十五。二回目の手術からわずか六日後のことだった。

築地本願寺で営まれた加藤の葬儀

十二月三十日、東京・築地本願寺で営まれた加藤の葬儀は、親族など、ごく限られた人のみ約二五人が参列して、ひっそりし行なわれた。遺族の希望で、ほとんど周知されておらず、境内にも加藤の葬儀と分かるような表示は一切なかった。祭壇は夥しい数の花で飾り付けられ、幸子が選んだ笑顔の写真が遺影として使われた。当日、山口県から駆け付けた実姉、磯野恭子は、帰宅してすぐに幸子に手紙を書いている。そこには、〈立派な葬儀でした〉〈弟の無念は数々ありましょうが、よい家族を持って幸福です〉という感謝の言葉とともに、次の言葉が綴られていた。

〈彼の波乱万丈の生涯に乾杯です〉

最愛の実弟を先に見送った彼女は、翌年八月にこの世を去った。

その後、加藤の遺族は、拘置所で適切な医

療行為や適時に別の医療機関へ転送するなどの措置がとられていなかったとして、国を相手取って損害賠償請求訴訟を提起した。しかし、遺族側の訴えを一顧だにしない判決が続き、二〇二四年六月に最高裁で敗訴が確定している。

一方、刑事裁判は〝主役不在〟のまま、恭のみを被告として進められた。難解な専門用語が並ぶ膨大な裁判資料を紐解いていくと、浮かび上がってくるのは、加藤暠という難敵に手こずる検察側の姿だった。検察側は、加藤のケースは、大量の注文を入れて取り消す見《み》せ玉《ぎょく》や終値関与、仮装売買、馴合い売買といった相場操縦事案で典型的にみられる手法ではないとしている。本来、相場操縦で立件するならば、被告側による実需を伴わない〝偽りの買い注文〟に誘引されて高値の買い注文を出してしまった第三者の調書をとり、「被告側の買い注文に騙されてしまった」という調書を根拠に変動操作の認定を行なう。

だが、公判での検察側の相場操縦認定は、その調書ではなく、東京証券取引所などを運営する日本取引所の自主規制法人売買審査部の担当者による評価や証言が根拠の中心だった。地検関係者によれば、捜査段階では、加藤が電話で売買の指示を出したとされる全国の般若の会の会員の元にも家宅捜索が入ったという。彼らは加藤の言葉を神様のお告げでも聞くかのように具《つぶさ》にノートに書き残しており、これが相場を作為的に形成していく不正な指示の動かぬ証拠になり得るとみられていた。しかし、彼らは「時々の鐘の音」に書かれていた加藤の〝踏み上げ相場〟の到来を信じて疑わなかっただけで、共犯ではなかった。実は加藤自身、般若の会の会員に対し、買い煽りながらも、一方では、「きっと彼らが俺の言った通りに買うことはないだろう」と諦観していたという。

検察側には誠備事件がそうであったように、加藤のバックに政治家がいるのではないかとの期待感も若干はあったものの、政治家どころか大口スポンサーの影すら見えなかった。恭名義の口座が使われていたことは確かだったが、それは加藤の借名口座に過ぎず、蓋を開けてみれば、事実上は加藤一人の相場だった。検察側は、恭を大物相場師である父から薫陶を受けた株投資のプロであるとし、相当な知識を持っていたのだから、コラムの虚偽性を認識できていたはずで、知っていて自分の利得のために加担したと主張したが、それはあまりにも乱暴な論法だった。学者肌の恭の実像を歪めていく強引な手法は、いかにも筋書きありきの検察らしいやり方である。

「見たこともない相場操縦だ」

検察側は、加藤が「時々の鐘の音」で二〇一三年三月に新日本理化の株価は踏み上げ相場の到来により、一三〇〇円の高値をつけると予言している部分に虚偽性があると指摘した。そして表に見える数字だけでは、信用買い残高が、信用売り残高（空売り）の何倍もあり、これから大きな相場が起きる兆候はまったくないと断じたが、加藤はここに「隠れた空売り」が二五〇〇万株以上あると説いている。そして隠れた空売りは、阿頼耶識《あらやしき》の境地に達しなければ見えてこないという。阿頼耶識とは、大乗仏教の唯識論の用語で、人間の根底にある無意識の領域を指す。加藤は修行によって悟りを得て、心的活動の根源にある阿頼耶識に耳を澄ませと言っているのだ。それは加藤の宗教観やこれまでの宗教体験を知っていれば、決して唐突な言葉ではないが、検察側にとっては超能力について語った荒唐無稽な話でしかない。法廷では「隠れた空売り」なるものの正体についても争われたが、証人として出廷したデイトレーダーは、自分などが到底及ばない知識、経験がある加藤が書いたものであり、合理的根拠がないなどとは思わなかったと感想を漏らした。

検察側は加藤が株投資を行なったとされる四口座の動向を十三日間連続で前日終値を上回った二〇一二年二月十五日から三月二日に絞って、日本証券取引所の専門家に分析を依頼。当時のリアルタイムの注文状況が分かる架空の板で場を再現して、その売買手口を検証した。売買審査部の担当者は、加藤が株価を予め指定して売買注文を出す指値《さしね》注文と価格を指定せず、時価を優先する成行《なりゆき》注文を絶妙のタイミングで繰り返していたとして、加藤の相場操縦行為を三つに分類。一つ目は、株価の上昇に追随して少し高値《たかね》と直近値の二円下値《したね》以下に発注を反復継続させ、第三者の買い注文を誘引して上値《うわね》を買わせる手口だった。これは金融商品取引法で禁止されている変動操作の手法の一つ、〝買い上がり買付け〟と同様の効果があると指摘した。

例えば、分析開始日の二月十五日。この日は始値《はじめね》が八七一円で、高値九二八円、安値《やすね》八五七円の間を推移し、終値は九二〇円だった。まず加藤は九時〇〇分三十九秒から〇二分〇三秒にかけて、八七三円、八七九円、八八〇円にそれぞれ五三〇〇株、三五〇〇株、五〇〇〇株の注文を断続的に入れている、そして株価が一旦下落に転じて、上昇局面に入った九時二十分二十六秒から九時四十一分〇五秒にかけて今度は八六九円から八七七円までの価格帯で、三〇〇〇株ないし、五〇〇〇株を十件以上、反復継続的に発注した。すると株価は八六六円から八七六円に上昇している。九時四十一分〇五秒に加藤の八七七円三〇〇〇株の注文が一部約定すると、株価はさらに八七八円から八七九円に上昇していく。株価はその後再び下落し、上昇する過程で八七七円で先ほど注文していた残株三〇〇株を拾って約定していく。

それは、機関投資家などが行なうアルゴリズム取引、すなわちコンピュータが株価や出来高の状況に応じて、売買タイミングや売買数量を自動的に決めて繰り返す取引を加藤が一人で行なっていたかのような指摘だった。

さらに、ここから売買審査部の専門家が指摘する二つ目の手口が現れる。直近値付近への反復発注によって、約定しなかった指値注文は下値として残る。そこにさらに加藤が下値に厚く買い注文を入れることで、買い需要が旺盛であると認識させ、一定の株価への下落防止効果があるという。これを積み重ねた結果、大引《おおび》け時点では、違反行為とされる〝終値関与〟をしなくても終値の下落を食い止めることになると推察している。

最後に三つ目の手口は、寄付《よりつ》き前に大量に成行注文や高値の指値注文を入れることで、始値を上げ、その日の上げ相場を期待させる効果があり、これは〝見せ玉〟のように大量発注後に取り消しや訂正をしなくても、同等の効果が得られるとしている。しかも寄付きから大引けまでのザラ場で取引すれば、例えば株価を四円上げるには、理論的には四円の間に入っている売り注文全てを一人で買わなければいけないが、この場合は、第三者の成行の買注文を誘引することで、第三者の買付資金と合わせて株価を引き上げることはできるためコストを抑えるメリットもあるという。

法廷では日本取引所の売買審査部の担当者の証言が、長時間にわたって続いた。彼はインサイダー取引や相場操縦などを監視し、調査や審査を行なうが、当然ながら取り締まる側にいるため株取引を禁じられており、検事も含めて彼らには株投資の経験はない。発注から板に注文が反映されるまでのタイムラグをあまり考慮しておらず、加藤の相場操縦行為の三つの分類も机上の見立てに過ぎない部分が多々あった。さらに、売買審査部の担当者は、加藤の違法性は指摘しつつも、その鮮やかな手口に感心し、見たこともない相場操縦だと認めてこう話している。

「私が多分小学生になる前、生まれる前から相場を張られていた方でして、相場のことを知悉《ちしつ》しているのもそうですし、投資家の心理というものを非常によくお分かりになった方だと思っています」

加藤は絶対に死にません

その後、二〇二一年十一月に、加藤の長男、恭の執行猶予付き有罪判決が確定した。恭は、取り調べ段階で、検事が加藤のことを「先生」と呼んでいたことに違和感を持ったという。結局、主役不在の裁判では説明のつかない部分はすべて相場操縦で結論付けられていた。加藤の代名詞だった踏み上げ相場についても本質を理解しているとは言い難く、加藤が新日本理化株の大半を仕手戦の途中で売却し、利益を得ていたことから、初めから売り抜ける目的で、コラムを使って株価を吊り上げたと見ていた。のちに加藤が売却価格よりも高い株価で、より多い株数を買い戻した行為とは辻褄《つじつま》が合わなくなり、損失を被っても加藤ブランドを守るために敢えて行なった行為であるかのように捉えていたが、一度、調整を入れて、さらに買い上がっていくやり方は、加藤の踏み上げ相場の常道だった。

「群盲《ぐんもう》象を評す」というインド発祥の寓話がある。六人の盲人が象を触ったところ、耳を触ったものは「扇のようだ」と語り、鼻を触ったものは「太い棒のようだ」とそれぞれ違う感想を述べるが、全体像を摑めたものは誰もいなかった。加藤の裁判は正しくその状態で、各々が加藤を評したが、その存在は検察や専門家の叡智《えいち》を超えたものだった。

加藤親子の弁護人だった川原史郎はこう振り返る。

「加藤さんが昔手掛けた兼松日産農林株の踏み上げ相場は、大口顧客に支えられ、売り方と買い方の取り組みを見抜いて、いわば綺麗に建てられた別荘を買ったようなものだったと思う。今回は自作自演の補給なしの戦いだった。禁じ手を使うことなく、最少の資金で最大の効果を生み出

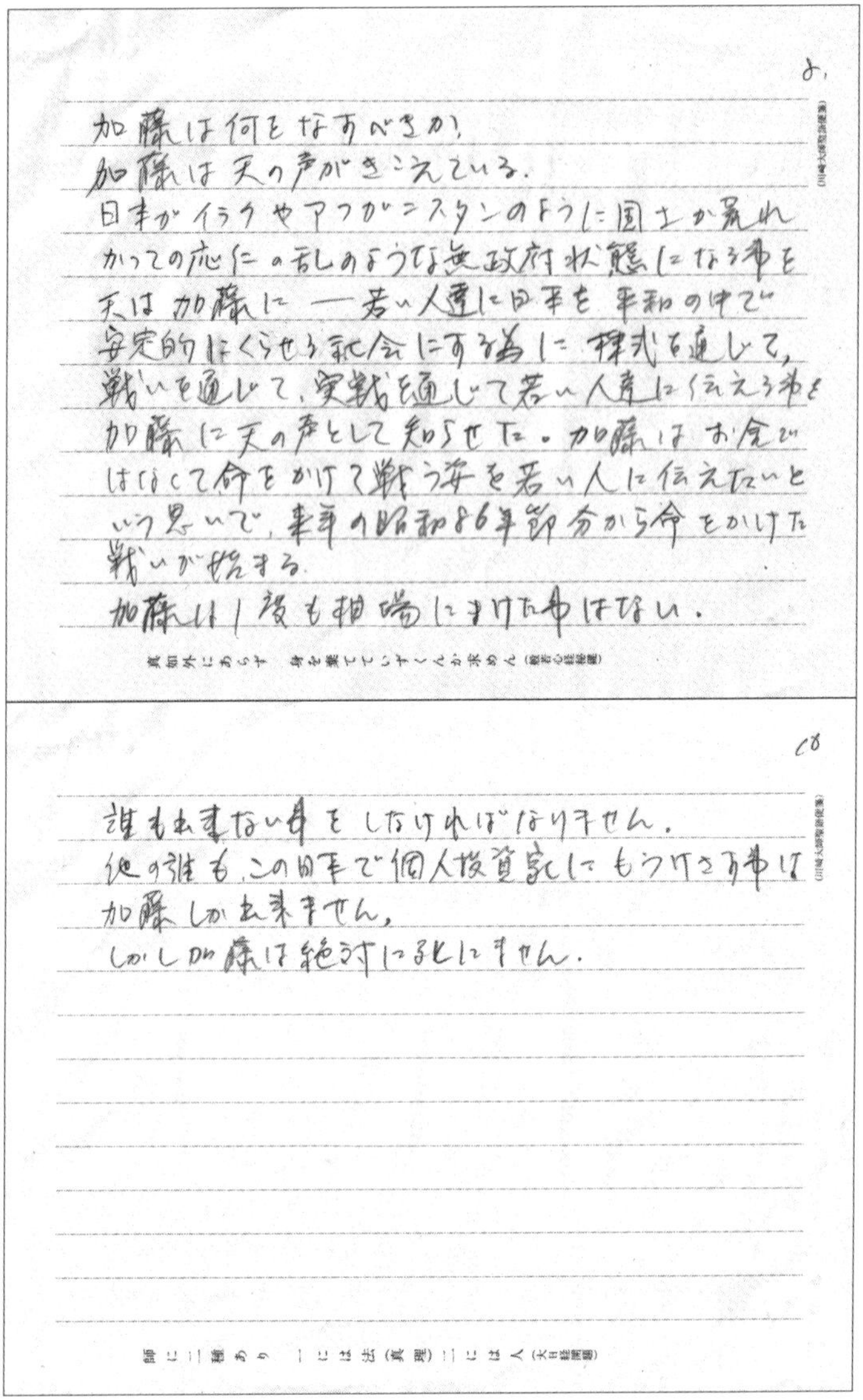
加藤は何をなすべきか。
加藤は天の声がきこえている。
日本がイラクやアフガニスタンのように国土が荒れ
かつての応仁の乱のような無政府状態になる事を
天は加藤に ― 若い人達に日本を平和の中で
安定的にくらせる社会にする為に 株式を通じて、
戦いを通じて、実戦を通じて若い人達に伝える事を
加藤に天の声として知らせた。加藤はお金で
はなくて命をかけて戦う姿を若い人に伝えたいと
いう思いで、来年の昭和86年節分から命をかけた
戦いが始まる。
加藤は1度も相場にまけた事はない。

誰もやれない事をしなければなりません。
他の誰も、この日本で個人投資家にもうけさす事は
加藤しか出来ません。
しかし加藤は絶対に死にません。

「加藤は天の声がきこえている」「加藤は絶対に死にません」と綴られたメモ

すやり方を考えてログハウスから組み立てた。投資家の心理を読み、寸分違《たが》わず組み上げていったのです。日常生活で認知症の初期症状が出始めていたとは思えない神懸った取り組みで、一種の芸術作品。加藤さんの最後の傑作だったと言えるかもしれない」

しかし、加藤がもし生きていたなら、彼はきっと人生最後の仕手戦を痛恨の失敗作と評しただろう。

生前、加藤は最後の相場に臨む決意を自筆メモに力強くこう書き記している。

〈加藤は天の声がきこえている〉

〈この日本で個人投資家にもうけさす事は加藤しか出来ません〉

〈加藤は絶対に死にません〉

彼は折に触れて社会貢献の夢を口にしたが、最後まで相場師の道を捨てることができなかった。加藤暠にとってカネとはいったい何だったのか。何度もゼロからの復活を繰り返し、仕手の本尊と呼ばれた男は、その答えを見つけられないまま、風のように消えた。

あとがき

かつて兜町は、隅田川、日本橋川、楓川などに囲まれた地形から〝シマ〟と呼ばれてきた。「日本資本主義の父」渋沢栄一が、一八七八年に東京証券取引所の前身である東京株式取引所を設立したのをきっかけに金融街として発展を遂げ、バブル期には多くの証券会社が軒を連ねた。今やその様相は変化したが、シマで飛び交う専門用語や格言には昔の株屋と呼ばれた時代の名残がある。

「人の行く　裏に道あり　花の山」

これは、花見の時期に、山の大通りには人だかりができるが、人の行かない道を行けば、誰にも邪魔されず美しい桜を楽しめるという意味から、「人と同じことをしていては儲からない」という「逆張り」の発想を示した投資の格言として知られる。茶聖・千利休の作と言われており、下の句は、「いずれを行くも散らぬ間に行け」と続く。まるでそれは、エリートコースとは違う逆張りの裏街道を進み、被爆の原体験を抱えて生き急ぎ、時代の寵児となった加藤暠の人生そのものである。政治家から暴力団組長に至るまで縦横無尽に人脈を築き、カネに群がる人々の欲と毒を飲み込んで来た彼の生涯は、まさしく昭和・平成事件史だった。

　私は週刊誌の駆け出し記者だった二十代後半に、加藤暠に近い関係者と知り合ったことで、加藤という存在を知った。仕手戦や踏み上げ相場、空売りといった独特の言葉の響きが新鮮で、加藤の足跡を通じて昭和の裏面史に興味を持っていった。不思議なことに加藤に対するアンテナを張っていくと、折に触れて加藤と縁のある人物と知り合うことになった。それはまるで加藤を調べることは必然であったかのようにも感じられた。

　残念ながら加藤とは生前に会うことは叶わなかったが、遺族と初めて面談した際に、彼らは加藤の教えを継承したと称する信奉者の登場に戸惑っていた。ある者は加藤の愛《まな》弟子《でし》であるかの如く語り、ある者は、生前に加藤が身に付けたものを欲しがった。彼らには加藤暠というカリスマが姿を消しても、伝説の相場師というブランドを株式市場で復活させ、その恩恵に浴したいという邪《よこしま》な気持ちが、少なからずあったに違いない。人はどこまでも強欲なものだ。

　バブル期の一九八七年に公開され、話題を呼んだオリバー・ストーン監督の映画『ウォール街』では、マイケル・ダグラス扮《ふん》する大物投資家、ゴードン・ゲッコーは、「強欲は善だ」という名セリフを残した。またマーティン・スコセッシ監督は映画『ウルフ・

オブ・ウォールストリート』で実在の株式ブローカーをモデルに強欲資本主義の狂乱を描いたが、どちらも善悪を超えて躍動する欲深な主人公が印象的だった。いつの時代も人は強烈なカリスマを求めているのかもしれない。

加藤は生前にたくさんのメモを残していたが、晩年、糖尿病の治療で、人工透析を宣告された直後に綴られたメモの中には、人生の節目で出会った人たちの名前がズラリと羅列してあり、〈なつかしい顔が浮かんでくる〉などとまるで〝遺書〟代わりと思えるようなものもあった。文字が判読できない走り書きのこともあれば、妻に代筆を頼み、綺麗な字で清書されたメモもあった。一時、加藤は自らの半生を文章として残しておきたいと聞き書きによる自伝の構想を進めていた。ゴーストライターを頼み、何度か取材を受けたが、「いくら説明しても、相手が私の生き方を理解してくれない」と不満を漏らし、計画は途中で頓挫してしまったという。仮に私がその時に加藤と知り合っていても、決して彼の生き方を彼の意のままに理解することはできなかっただろう。ノンフィクションを書くうえで、取材のメインターゲットとなる対象者に直接アプローチし、生の声を引き出すことは重要なことではあるが、本人の口から語られることだけでは、その実像を捉えることはできない。ましてや天邪鬼《あまのじゃく》な性格の加藤であれば、尚更だろう。周囲の証言や残された証拠からでしか立体的に浮かび上がって来ない人物像もある。

加藤が身を置いた相場の世界には勝者もいれば、必ず敗者もいる。いくら崇高な理想を掲げたところで、相場師は、常に称賛と怨嗟《えんさ》の狭間で揺れ動く。それでもなお、毀誉褒貶の激しい相場の世界にしか、加藤は自分の存在意義を見出すことができなかった。

二〇二四年秋、加藤が眠る高尾の墓地を訪れた。一時、供養塔の後ろには、加藤姓の女性が施主となって卒塔婆《そとば》が建てられたことがあった。卒塔婆とは、故人を供養するために建てる細長い板のことだが、施主の女性には遺族もまったく心当たりがなく、そのうちに卒塔婆は勝手に引き抜かれ、穴だけが残されていたという。何かの手違いで建てられたことだけは分かったが、その件を最初に遺族から聞かされた時、私の脳裏にはかつて加藤の隠し子を産んだと噂された赤坂の高級クラブにいた愛人のことが頭を過《よぎ》った。これまで加藤暠という伝説の相場師の足跡を自分なりに追って来たつもりだったが、実際には彼を取り巻く人脈の全貌はおろか、何も見えていなかったのではないかと不安を掻き立てられた。加藤は死してなお捉えどころがなく、謎めいた存在だった。

東京・高尾に建立された加藤暠の供養塔

加藤がこの世を去って八年が過ぎた。二〇二四年八月五日、日経平均株価は四四五一円安と急落し、下落幅が一九八七年のブラックマンデー翌日を超えて過去最大となった。年初から新ＮＩＳＡ（少額投資非課税制度）が始まり、多くの個人投資家が株式市場にデビューした投資ブームに冷や水を浴びせ掛ける形になった。相場の世界には「落ちてくるナイフはつかむな」との格言があるが、果たして加藤なら投資家に対して何を話し、どう動いただろうか。今後も株式市場には期せずして加藤の〝亡霊〟が現れるのかもしれない。

本書は、『週刊文春』で二〇二三年五月から連載した「加藤暠〝仕手の本尊〟と呼ばれた男」（全九回）に大幅に加筆し、修正を加えて纏めたものである。一般には馴染みのないテーマながら、連載の機会を与えて下さった当時の週刊文春編集長、加藤晃彦さん、連載を担当してくれた今戸國治さん、そして書籍化にあたっては宝島社の井野良介さんにご尽力頂いた。この場を借りてお礼を申し上げたい。

最後に取材でお世話になった方々にも感謝を申し上げたい。

二〇二五年二月　　西﨑伸彦

加藤暠　関連年譜

西暦	和暦	加藤暠関連	その他の出来事
1941年	昭和16年	8月24日　加藤暠が生まれる	
1944年	昭和19年	6月8日　母・ハツコが病死	
1945年	昭和20年	8月6日　広島に原爆投下。広島市舟入川口町の親族宅で被爆	8月15日　「玉音放送」によって「終戦」が国内外に伝えられる
1947年	昭和22年	4月　能美島の高田小学校に入学	
1953年	昭和28年	4月　広島市内の袋町小学校に転入	3月5日　株式市場が、スターリン・ソ連首相の重体報道で大暴落
1957年	昭和32年	4月　修道高校に入学	
1959年	昭和34年	高校3年時に、喀血。3年半の療養生活に入る	
1963年	昭和38年	4月　山口県立岩国高校に編入	
1964年	昭和39年	4月　早稲田大学商学部入学	10月　東京オリンピックが開催される
1968年	昭和43年	3月　早稲田大学商学部卒業、岡三証券に入社	4月1日　改正証券取引法により、証券会社の免許制がスタート 12月10日　東京都府中市で、三億円事件が発生する

1973年	昭和48年	8月　木徳証券に証券外務員として入社する	5月23日　中日スタヂアムの運営会社社長の水死体が発見される
1974年	昭和49年	3月15日　加藤暠が佐藤幸子と結婚	
1976年	昭和51年	3月　銀座にダイヤル・インベストメント・クラブを設立	2月　アメリカ議会上院の公聴会で、ロッキード事件が発覚
1977年	昭和52年	5月30日　ヂーゼル機器株の買い占めに平和相銀が加わる	
1978年	昭和53年	1月26日　株式会社誠備を設立 12月23日　長男・恭が生まれる	
1979年	昭和54年	4月25日　誠備を誠備投資顧問室に名称変更	6月26日　平和相銀の小宮山英蔵が死去
1980年	昭和55年	2月　ヂーゼル機器の株買い占めが収拾する 4月25日　1億円拾得事件 5月　株式市場で宮地鉄工株の急騰が話題に 5月31日　大蔵省と東京証券取引所が、翌年1月から資本金30億円未満の銘柄について信用取引を規制する方針を各紙が報道	4月10日　浜田幸一衆院議員が、ラスベガスのカジノでの損失の穴埋めにロッキード社の疑惑のカネが使われていたとして議員辞職する 6月12日　選挙期間中に大平正芳首相が急死

1981年	昭和56年	11月27日　宮地鉄工所の臨時株主総会で、誠備グループが推す3人の役員候補が承認される 1月20日　東証が、谷村裕理事長名で会員に「信用取引の受託について」という通達を出し、誠備銘柄の扱いに規制を促す 2月5日　赤坂「つる中」で東証の谷村理事長らが謀議 2月16日　加藤が東京地検特捜部に逮捕される（誠備事件） 11月28日　〝夜の広島商工会議所会頭〟と呼ばれた下土井澄雄が自宅マンションから投身自殺	
1982年	昭和57年		11月27日　第一次中曽根康弘内閣が発足する
1983年	昭和58年	6月30日　稲川会の石井進が、加藤の裁判に証人として出廷 8月27日　加藤が保釈される	10月12日　元首相、田中角栄のロッキード事件第一審で、懲役4年の実刑判決
1984年	昭和59年	10月7日　稲川会の石井が長野刑務所を出所	4月18日　江崎グリコ社長が誘拐され、グリコ・森永事件が幕を開ける
1985年	昭和60年	3月22日　誠備事件の地裁判決で加藤が無罪を勝ち取る 5月10日　元テレビ朝日専務、三浦甲子二が死去	2月27日　田中角栄が脳梗塞で倒れる 8月12日　日本航空123便が御巣鷹山の尾根に墜落し、520名が犠牲に

1987年	昭和62年		9月22日　プラザ合意 11月6日　竹下登内閣が発足
1989年	昭和64年		1月7日　昭和天皇崩御
1989年	平成元年		2月13日　リクルート元会長の江副浩正が逮捕される 6月4日　天安門事件 9月　ソニーがコロンビアを買収 10月　三菱地所がロックフェラーセンターを買収
1990年	平成2年	4月20日　誠備事件の高裁判決で、無罪判決 8月30日　本州製紙が5020円の最高値を記録 10月5日　東京地検特捜部が住友銀行青葉台支店、山下彰則らを逮捕。「光進」の小谷光浩や加藤暠グループらに総額439億円を不正に融資	7月19日　仕手集団「光進」の小谷光浩が藤田観光株の相場操縦で東京地検特捜部に逮捕される
1992年	平成4年		2月14日　東京地検特捜部が、東京佐川急便の元社長、渡辺広康を逮捕
1995年	平成7年	5月　「新しい風の会」を結成	
2003年	平成15年	2月　出世株研究会「泰山」を発足。『産業と経済』誌に登場する	
2004年	平成16年	3月31日　父、加藤茂が死去 5月　新聞で長者番付が発表され、加藤暠が千代田区で2位に	

２０１１年	平成23年	11月１日　加藤が運営するサイト「時々の鐘の音」を再開させ、「般若の会」をスタートさせる	３月11日　東日本大震災
２０１５年	平成27年	３月11日　証券取引等監視委員会が強制捜査 11月17日　東京地検特捜部が、金融商品取引法違反（相場操縦）容疑で加藤暠、妻の幸子、長男の恭を逮捕 12月７日　加藤幸子、処分保留で釈放	
２０１６年	平成28年	６月21日　加藤恭、保釈 ９月２日　加藤暠、保釈 12月26日　加藤暠、死去	
２０１７年	平成29年	８月２日　姉の磯野恭子が死去	
２０２０年	令和２年	７月２日　加藤幸子、死去	
２０２１年	令和３年	11月８日　最高裁で高裁判決が棄却され、加藤恭の懲役２年６月、執行猶予４年、罰金１０００万円、追徴金26億５８６４万円が確定する	

立花隆『田中角栄研究　全記録（上）』（講談社文庫、1982年）
栗田勝広『公判ドキュメント誠備事件』（小綬鶏社、1984年）
川本典康『蓬莱の夢「兜町の風雲児」加藤暠の実像』（講談社エディトリアル、2023年）
清水一行『擬制資本』（集英社文庫、1995年）
小林正和『兜町の犯罪　投資家の財産はこうして狙われる』（立風書房、1984年）
青山真人『オーナー解任　平和相互銀行経営正常化の闘い』（幸洋出版、1985年）
東京タイムズ株問題取材班『兜町の錬金術師たち　株価操作の裏側で』（木馬書館、1985年）
山田穂積『謀略の金屏風　平和相互銀行事件・その戦慄の構図！』（宝島社、1994年）
上原敬之典『戦後兜町風雲録』（銀行時評社、1986年）
西野武彦『ドキュメント　株価操作　小谷光浩と仕手に群がった紳士たちの深層！』（こう書房、1991年）
朝日新聞大阪本社社会部『イトマン事件の深層』（朝日新聞社、1992年）
共同通信社社会部編『利権癒着　政財暴・権力の構図』（共同通信社、1993年）
山下彰則『住友銀行支店長の告白』（あっぷる出版社、1995年）
産経新聞金融犯罪取材班『呪縛は解かれたか』（角川書店、1999年）
産経新聞特集部『検察の疲労』（角川書店、2000年）

村串栄一『検察秘録　誰も書けなかった事件の深層』（光文社、２００２年）
福本邦雄『表舞台　裏舞台　福本邦雄回顧録』（講談社、２００７年）
大下英治『昭和、平成　震撼「経済事件」闇の支配者』（青志社、２０１４年）
大下英治『任侠　稲川聖城　経済　石井隆匡　稲川会極高の絆　二人の首領』（青志社、２０１５年）
國重惇史『住友銀行秘史』（講談社、２０１６年）
児玉博『堕ちたバンカー　國重惇史の告白』（小学館、２０２１年）
永野健二『バブル　日本迷走の原点１９８０―１９８９』（新潮社、２０１６年）
伊藤博敏『日本経済「裏」と「表」の金脈地図　バブル破裂で浮上した闇の経済と黒い人脈を徹底追跡する』
（ベストブック、１９９２年）
石井悠子『巨影　ほんとうの石井隆匡』（サイゾー、２０１７年）
岸川真『亀井静香、天下御免！』（河出書房新社、２０１７年）
読売新聞社会部編『大捜査　３億円事件』（読売新聞社、１９７５年）
比嘉満広『兜町の風雲児　中江滋樹　最後の告白』（新潮新書、２０２１年）
五百旗頭真監修『評伝 福田赳夫　戦後日本の繁栄と安定を求めて』（岩波書店、２０２１年）
村山治『自民党と裏金　捜査秘話』（日刊現代、２０２４年）
「生きて・ドキュメンタリー作家　磯野恭子さん」連載第1回〜第15回
（『中国新聞』２０１０年11月30日〜12月23日）

本書は『週刊文春』（文藝春秋）二〇二三年五月十八日号～六月二十二日号、同年七月六日号～七月二十日号に掲載された連載「加藤昺〝仕手の本尊〟と呼ばれた男」に大幅加筆・修正を加えてまとめたものです。

著者略歴

西﨑伸彦（にしざき・のぶひこ）

1970年岡山県生まれ。立命館大学卒業後、『週刊ポスト』記者を経て、2006年から『週刊文春』記者となり、2020年11月からフリー。経済事件をはじめ、幅広い分野で取材・執筆を行なっている。著書に『バブル兄弟〝五輪を喰った兄〟高橋治之と〝長銀を潰した弟〟高橋治則』『中森明菜　消えた歌姫』（ともに文藝春秋）、『海峡を越えた怪物　ロッテ創業者・重光武雄の日韓戦後秘史』（小学館）、『巨人軍「闇」の深層』（文春新書）がある。

写真提供：朝日新聞社、共同通信社

DTP：一條麻耶子、G-clef

株の怪物

仕手の本尊と呼ばれた男・加藤暠の生涯

2025年3月7日　第1刷発行

著者　西﨑伸彦

発行人　関川誠

発行所　株式会社宝島社

〒102-8388

東京都千代田区一番町25番地

電話　営業　03-3234-4621

編集　03-3239-0927

https://tkj.jp

印刷・製本　中央精版印刷株式会社

PRINTED IN JAPAN　ISBN 978-4-299-05595-8